Łukasz Olkowicz

NAWAŁKA

DROGA DO PERFEKCJI

Tekst: Łukasz Olkowicz
Redakcja: Grzegorz Rudynek
Korekta: Małgorzata Tamiłowska
Projekt okładki: Mateusz Sadowski
Fotoedycja: Jarosław Arczewski
DTP: INSATSU Michał Żelezniakowicz

Druk: Zapolex, Toruń

Zdjęcia: Norbert Barczyk/Pressfocus, Marek Biczyk, Tomasz Błaszczyk/Edytor.net, Adam Bondarowicz, Damian Burzykowski, Michał Chwieduk/Edytor.net, Irek Dorożański/Edytor.net, Łukasz Grochala/Cyfrasport, Jan Malec/Newspix.pl, Dawid Markysz/Edytor.net, Michał Klag/Reporter, Wacław Klag/Reporter, Aleksandra Klug, Tomasz Markowski, Zbigniew Matuszewski/PAP, PAP/DPA, Tomasz Prazmowski/MSiT/FORUM, Krzysztof Rak/Agencja Gazeta, Maciej Sochor/PAP, archiwum Wacława Szczerby, Mieczysław Szymkowski, Mieczysław Świderski/REPORTER, archiwum Roberta Ziętary

Wydawca:
Ringier Axel Springer Polska sp. z o.o.
ul. Domaniewska 52
02-672 Warszawa

Dyrektor zarządzający segmentem sportowym: Łukasz Łazarewicz
Dyrektor wydawniczy segmentu sportowego: Rafał Romaniuk

ISBN: 978-83-8091-121-5

Warszawa 2016

Łukasz Olkowicz

NAWAŁKA
DROGA DO PERFEKCJI

Warszawa 2016

Mamie,
której wsparcie czułem każdego dnia
pisania tej książki.

Spis treści

Wstęp

Francuska aktorka Isabelle Huppert uważa, że pasja nie polega na ciągłym powtarzaniu: „Chcę być aktorką”, tylko mówieniu: „Nie chcę w życiu robić nic innego”. Skojarzyło mi się to z Adamem Nawałką, bo choć w karierze nieraz znalazł się na zakręcie, to nie zwątpił i mimo pięcioletniej pracy na emigracji w USA wyglądał na kogoś, kto myśląc o trenowaniu, chciał powiedzieć: „Nie chcę w życiu robić nic innego”.

Do napisania tej książki zainspirował mnie sam bohater, a dokładnie mur, jaki wokół siebie postawił. Zwyciężyła ciekawość, co się za nim kryje, jaki naprawdę jest selekcjoner, potrafiący dotrzeć do liderów reprezentacji, z których wcześniej kadra nie miała wielkiego pożytku, i co istotne – jak to zrobił, jaki był jego pomysł na ich skuteczne wykorzystanie. I choć Nawałka nie lubi, kiedy coś wydostaje się z szatni, to tym razem nie domknął drzwi wystarczająco mocno i udało się tam zajrzeć.

To też frapujące, że ten pan z klasą, starannie ułożoną fryzurą i szalikiem podkreślającym strój, człowiek, który mógłby być wykładowcą w szkole dla dyplomatów (mówi dziennikarzom tak, żeby nic nie powiedzieć), zmienia się nawet i we frustrata, kiedy zostaje sam z drużyną. Zdarzało się przecież, że rozciął komuś łuk brwiowy, a w szatni fruwały kosze.

Książka nosi tytuł „Droga do perfekcji", ale Nawałka perfekcjonistą już się urodził i ta perfekcja zżerała go w pewnych etapach kariery trenera, kiedy wyjątkowo często czuł woń porażki. W obliczu próby i dramatycznych wydarzeń ze swojego życia dorzucił jeszcze determinację, najpierw z pokancerowanymi nogami próbując wrócić na boisko, a później jako szkoleniowiec wydostać się z III ligi. Zresztą o determinacji słyszeli od niego i amatorzy ze Świtu Krzeszowice, gdzie zaczynał pracę, i Robert Lewandowski, kiedy spotykają się na zgrupowaniach reprezentacji.

Ta książka to coś więcej niż ostatnie dwa i pół roku jego pracy na stanowisku selekcjonera, to opowieść o tym, jak cenną cechą jest wytrwałość. Sam Nawałka może nie pamiętać, ile razy znalazł się na aucie, zostawali przy nim tylko najbliżsi, a mimo to jakaś siła pchała go do przodu.

Jest w tej książce wiele fragmentów, po których można głośno się zaśmiać i radośnie podsumować, że nikt nie miał takiej fantazji i szalonych pomysłów jak starsi piłkarze, znajdą się też opowieści smutne, o zawodnikach, dawnych królach życia, którzy do dziś nie mogą się odnaleźć po utracie własnego królestwa.

Nawałka różnił się od nich od początku. Jak obrazowo opisał jeden z byłych wiślaków: „My piliśmy wódkę, a on szampana". Przystojny, zadbany, szarmancki korzystał z powodzenia, a po mistrzostwach świata w 1978 roku, gdzie został wybrany do najlepszej jedenastki turnieju, stał się jedną z najpopularniejszych osób w Polsce. W nagrodę wysłano go wraz z Marylą Rodowicz i Czesławem Niemenem do Hawany, żeby pochwalić się nimi światu. Dotknął sławy, ale nie zdążył jej zasmakować. Na Kubie zaczęły się nieszczęścia.

Miał 23 lata, kiedy po raz ostatni zagrał w reprezentacji, w której szykował się do przejęcia władzy. Nie udało się, nie tak to miało wyglądać.

Żeby odtworzyć jego drogę z niebytu na szczyt, rozmawiałem z ponad setką osób, odwiedziłem miejsca, w których się wychował, dorastał i dojrzewał, spotkałem się z tymi, którzy pamiętali dziewięcioletniego Adasia samodzielnie dojeżdżającego pociągiem z Rudawy do Krakowa na treningi Wisły, jak również z tymi, z którymi w USA codziennie wjeżdżał na wysokość kilku pięter i ryzykował życie. Poznałem kolegów, z którymi kosztował młodość, ale też tych, którzy obserwowali jego przemianę jako trenera. Było to na swój sposób fascynujące, jak z tych informacji zaczęła się układać niezwykła mozaika. Dziś jego pewność siebie wynika z pracy, jaką wykonał dla kadry i jej rezultatów, choć nie mam wątpliwości, że budowały go też porażki.

„Twardy człowiek o żelaznych zasadach" – przedstawiał go Zbigniew Boniek jako selekcjonera. Gdybym miał wybrać fragment jego życia, który najbardziej utkwił mi w pamięci, byłby to ten, od którego zaczyna się książka – podjęcie niebezpiecznej pracy zaraz po zakończeniu kariery, niemającej nic wspólnego z piłką, i wielki znak zapytania. Zresztą los zachichotał okrutnie, że z paczki przyjaciół w Wiśle, którzy grali ze sobą od dziecka, co doprowadziło ich do mistrzostwa Polski, to Nawałka jako pierwszy skończył z piłką, choć prowadził się z nich najlepiej, dbał o siebie i stale myślał o rozwoju.

NAWAŁKA, DROGA DO PERFEKCJI

Gdybym miał streścić tę książkę na Twitterze, zdobywającym coraz więcej użytkowników, którego ograniczenia do 140 znaków zmuszają do wybrania esencji, byłoby to:

Szalone lata 70. z Wisłą
Pokorne lata 80. w Stanach Zjednoczonych
Niepewne lata 90. i szukanie drogi
XX wiek – od Adasia do selekcjonera

Do dopisania zostałyby cztery znaki. W sam raz na „cdn.". Ciąg dalszy tej opowieści nastąpi we Francji.

ROZDZIAŁ I

Na aucie

Trójramienny wysięgnik cicho warknął, wznosząc Adama Nawałkę dwadzieścia metrów nad ziemię. Zamknięty w koszu zabezpieczonym poprzecznymi metalowymi rurkami czekał nieruchomo, aż wbije się między korony drzew i linie wysokiego napięcia. Na dole niecierpliwie kręcił się robotnik, wypatrując spadających jak deszcz gałęzi, które będzie musiał uprzątnąć i zemleć na miejscu.

Nawałka zdążył zaprzyjaźnić się z ryzykiem w nowej pracy. Wiedział, że musi być ostrożny, zwłaszcza kiedy wiało. Wtedy na górze huśtało nim jak statkiem podczas sztormu. Natężył więc uwagę, nasłuchał się wystarczająco dużo opowieści o tych, którzy nierozważnie wychylili się z kosza i spadli na ziemię, nigdy już się z niej nie podnosząc.

– Zbliżyłem się do tych linii, a włosy na rękach stanęły mi dęba. Myślałem, że to ze strachu, a to takie pole od nich biło – opowiadał mu Adam Musiał, przy którym dziesięć lat wcześniej stawiał pierwsze kroki w Wiśle Kraków, a teraz obu los zagnał do USA. W jakimś sensie byli do siebie podobni – dawni ulubieńcy tłumów, zapomniani bohaterowie, próbujący na obczyźnie zwykłego życia.

Jako piłkarz Nawałka miał wyjątkową zdolność koncentracji, odłączania się od otoczenia i skupienia na nakreślonym przez trenera zadaniu, teraz również zamierzał skorzystać z tej przydatnej umiejętności. Uruchomił piłę mechaniczną, odgłos hałaśliwej maszyny rozniósł się po okolicy, a gałęzie jedna po drugiej zaczęły spadać, szybko tworząc na dole stos niepotrzebnego drewna.

Był rok 1985. Upłynęło siedem lat od jego najlepszego sezonu w karierze, ozdobionego złotym medalem za mistrzostwo Polski i wyjazdem na mundial. I choć reprezentacja rozczarowała w Argentynie, to jednak nie on. On mógł poczuć, jak szeroko uśmiechnęło się do niego szczęście, kiedy trafił do najlepszej jedenastki turnieju z opinią jednego z najbardziej obiecujących piłkarzy świata. W przebudowanej reprezentacji rozpisano dla niego obok Zbigniewa Bońka rolę jednego z dwóch nowych liderów mających zastąpić zasłużonych zawodników z ekipy Kazimierza Górskiego.

– Co poszło nie tak? – mógł pytać siebie, manewrując kilkumetrowym bosakiem zakończonym ostrzem, żeby strącić gałązkę, która pechowo spadła na linię energetyczną.

– Co poszło nie tak? – mogło odpowiedzieć echo, kiedy były ulubieniec mediów wisiał z pokiereszowanym ciałem i nadziejami nad drzewami gdzieś pod Nowym Jorkiem, dostając 17 dolarów za godzinę niebezpiecznej pracy.

Czy mógł wtedy przypuszczać, że wróci do piłki?

ROZDZIAŁ II

Początki

Motorniczy miał prawo zapamiętać dziewięciolatka o twarzy cherubinka, z blond grzywą i szaroniebieskimi, błyszczącymi oczami, który cztery razy w tygodniu wsiadał na przystanku przy dworcu kolejowym w Krakowie do tramwaju numer 17. Dojeżdżał nim do pętli Cichy Kącik, skąd widział już stadion Wisły.

Widok dziecka samotnie podróżującego po wielkim mieście nikogo specjalnie nie dziwił, a i mały Adam Nawałka nie dawał po sobie poznać, że takie wycieczki robią na nim wrażenie. W głowie kołatała się jedynie myśl, żeby jak najszybciej dotrzeć na zajęcia u trenera Lucjana Franczaka. Na początku jeździł z nim ojciec, ale obserwując, jak dobrze radzi sobie syn, a i mając na uwadze obowiązki w pracy, zdecydował się puszczać go samego z odległej o 20 kilometrów Rudawy. Kiedy malca zabrakło na treningu, Franczak nie musiał dzwonić do rodziców, żeby poznać przyczyny jego nieobecności. Wiedział, że zatrzymać go mogła tylko choroba.

Uczniowie Szkoły Podstawowej w Rudawie wyjątkowo często słuchali na lekcjach o Henryku Sienkiewiczu i jego powieści „W pustyni i w puszczy", której bohater Staś Tarkowski miał pierwowzór w ich wsi. Dowiadywali się, że laureat Nagrody Nobla spędzał wakacje w Rudawie, gdzie poznał pięcioletniego Stanisława, z którego ojcem, opiekunem najpiękniejszych koni w okolicy, zwiedzał malownicze tereny. W czasie tych wycieczek często rozmawiał też z chłopcem i polubił go na tyle, że w przyszłości jego imieniem i nazwiskiem nazwał rezolutnego 14-latka strzegącego Nel przed czyhającym na nią niebezpieczeństwem. Nawałka, siedząc w pierwszej ławce, również wsłuchiwał się w hymny pochwalne na temat zaradności i odpowiedzialności. To znaczy informacja o tym, że zajmował miejsce zaraz przy nauczycielu, jest tylko wyobrażeniem autora tej książki, ale biorąc pod uwagę późniejsze fakty z jego życia – sumienność ocierającą się o perfekcję – trudno przypuszczać, żeby na lekcjach skrywał się gdzieś z tyłu.

Zdanie o tym, jak pilny uczeń chłonął opowieści o przygodach Stasia Tarkowskiego, aż w końcu jego przymioty wkomponował we własne życie i pomogły mu one w grze w piłkę, idealnie pasowałoby do dalszej opowieści o Nawałce, gdyby było prawdziwe. Ale nie jest. On losy Sienkiewiczowskiego bohatera poznał w momencie, kiedy od dawna samodzielnie dojeżdżał na treningi do Krakowa. Bardziej prawdopodobne jest to, że nauczył się tego – rzutkości czy kreatywności – od rodziców.

Adam Nawałka przyszedł na świat 23 października 1957 roku. Dziesięć lat po Kazimierzu Deynie i siedemnaście lat po Pelem. Znamienna data jak na kogoś, kto w przyszłości zostanie piłkarzem.

Jego ojciec Adam pracował jako geodeta w Urzędzie Gminy w Zabierzowie, a matka Anna była kierowniczką restauracji w Tenczynku. Nie rozpieszczali jedynaka, wręcz przeciwnie – wiele od niego wymagali, choć też obdarzyli zaufaniem większym niż inni rodzice swoje dzieci i pozwolili już w młodym wieku dokonywać własnych wyborów.

Jeżeli ktoś się zastanawia, skąd w późniejszym życiu Nawałki tyle dojrzałości, może właśnie znalazł odpowiedź.

Dom państwa Nawałków, których prywatności pilnuje wysoki płot, jest ostatnim przy ulicy nieopodal rynku w Rudawie. Po prawej stronie podwórka wybudowali kort, powstał w czasach, kiedy ich syn był piłkarzem Wisły. Sam go wymyślił w tym miejscu, bo uznał, że gra w tenisa pomoże w wyrobieniu zwrotności. Dzięki znajomościom załatwił mączkę, którą wraz z kolegami z drużyny wozili taczkami i wysypywali na wyznaczony prostokąt przed domem. Kiedy skończyli równać pomarańczową nawierzchnię i wyrysowali na niej linie, spotykali się tam regularnie.

Zainteresowanie sportem rozbudził w nim ojciec i umiejętnie podtrzymywał ten stan, zimą prowadząc syna na lodowisko albo ucząc jazdy na nartach. Z uwagi na zamiłowanie Adama Nawałki seniora uprzywilejowana była jednak inna dyscyplina, więc nieprzypadkowo zabierał go na mecze Wisły. Sam amatorsko kopał piłkę w Orlętach Rudawa.

– Był naszą lokalną gwiazdą. Szybki, silny, strzelający dużo goli. Zrobiłby karierę w lepszym klubie, ale odmawiał za każdym razem, gdy proponowano mu zmianę. Powtarzał, że gra dla przyjemności – tak ojca Nawałki opisuje Witold Sikorski, który występował z nim w Orlętach.

Z piłką związany był również brat matki – Jan, któremu umiejętności pozwoliły na grę w czwartej lidze. On z kolei zwrócił uwagę siostrzeńca na futbol włoski. W czasie, kiedy Nawałka przeżywał pierwsze fascynacje związane z piłką, docierały do niego informacje o dominujących w Europie klubach z Italii. To musiało mieć wpływ na jego późniejsze zainteresowania. Poznał postać Helenio Herrery, który dwa razy z rzędu zdobył Puchar Europy z Interem Mediolan, ale jeszcze nie wiedział, że uzna się go za twórcę catenaccio, czyli ryglowania bramki. Kiedy Nawałka wychodził z wujkiem na boisko w Rudawie, na zmianę byli Sandro Mazzolą trafiającym dla Nerazzurrich albo jego odpowiednikiem ze składu odwiecznego rywala, Giannim Riverą z AC Milan. Od czasów dzieciństwa miłość do włoskiej piłki jeszcze w Nawałce urośnie, a pielęgnować ją będzie do dziś.

Budynek na dworcu kolejowym w Rudawie, skąd wyruszał w świat młody Nawałka, jest już nieczynny. Pranie rozwieszone od strony ulicy jednoznacznie sugeruje, że ma nowych lokatorów. Co kilkanaście minut na stację wjeżdżają kolejne pociągi. Bez wątpienia jest ich więcej niż wtedy, kiedy mały piłkarz musiał docierać nimi na trening. Akurat przy peronie zatrzymał się kolejny z pociągów wiozących pasażerów z Katowic do Krakowa. Na jedynego podróżnego, który z niego wysiadł, trudno nie zwrócić uwagi. Wolny chód, biała laska jako kompas i bezmiar serdeczności dla obcych. Przedstawia się jako wieloletni mieszkaniec Rudawy – Władysław Zieliński. Rodziców selekcjonera zna, bo kto by ich we wsi nie kojarzył. Tapetował im pokoje w domu, kiedy jeszcze normalnie widział i mógł pracować. Pogorszenie nastąpiło nagle po tym, jak uderzył głową w futrynę. Zasnął wieczorem i obudził się po dwóch miesiącach. Krwiak w mózgu, lekarze musieli wybierać – życie lub wzrok. Widoczność skurczyła się do dziewięciu procent, ale akurat zły los trafił na wymagającego przeciwnika. Zieliński nie zamknął się w domu, próbuje żyć jak dawniej i cieszy się, że może samodzielnie się poruszać.

Prowadzi mnie na boisko Orląt. Ze stacji jest tam kilkaset metrów, trzeba przejść przez podwórko życzliwego przewodnika. Nową, niewielką trybunę kameralnego stadionu postawiono trzy lata temu.

Nawałka nie może czuć się związany z tym klubem, obecnie występującym w klasie B (siódma liga). Nie zdążył się z nim zżyć, nie zagrał w nim żadnego oficjalnego meczu. Ponoć ktoś pamięta, że jako dziecko przychodził na treningi Orląt, ale wydaje się to niemożliwe, ponieważ bardzo szybko zaczął zajęcia w Wiśle. Kiedy tylko ojciec dostrzegł jego talent i zapał, piłkarską edukację wolał mu zapewnić w Krakowie. Wiedział, że tam gwarantują szkolenie na najwyższym poziomie.

Najpierw jednak syn musiał dostać się do Wisły. Chętnych liczyło się nie w dziesiątkach, ale w setkach małych piłkarzy, którzy marzyli, żeby w przyszłości założyć koszulkę z białą gwiazdą. Nad selekcją czuwał Adam Grabka, trener i wychowawca, którego oko rzadko przepuściło talent. Obserwacje przeprowadzano najtańszym kosztem bez potrzeby zatrudniania sztabu skautów buszujących po obcych boiskach w poszukiwaniu piłkarskich pereł. W Wiśle wymyślili skuteczniejszą i znacznie prostszą metodę – zapraszali nadzieje do siebie i organizowali turnieje dzikich drużyn. Zdarzało się, że zgłaszało się do nich ponad sto zespołów. Chłopcy z całego Krakowa skrzykiwali się w siedmioosobowe drużyny, zapisywali na zawody i rywalizowali. Nie zdawali sobie sprawy, że z boku ich każde zagranie śledzą trenerzy Wisły, a kieruje nimi Grabka. Wszyscy wokół mówili na niego „Dziadek".

Najzdolniejszych zapraszano na wakacyjne półkolonie prowadzone na klubowych obiektach. To był drugi etap selekcji, w którym kontynuowano obserwacje. Z najsłabszych chłopców rezygnowano, pozostali tworzyli drużynę trampkarzy Wisły. W ten sposób do klubu trafili Zdzisław Kapka, Antoni i Henryk Szymanowscy, Jan Jałocha czy Leszek Lipka, z którymi kilka lat później Nawałka zdobędzie mistrzostwo Polski.

Jego do Wisły prowadziła inna droga. Zapewne dlatego, że trudno mu było zebrać w Rudawie zespół na odpowiednim poziomie i sprawdzić się z innymi dzikimi drużynami. Choć zdolności organizatorskie ujawnił już w podstawówce, kiedy zauważył, że nauczyciel WF-u nie poświęca zbyt wiele uwagi szkolnej reprezentacji, w której występował. Zaproponował, że zostanie jej trenerem. Wuefista ucieszył się, że odpadł mu jeden obowiązek i przekazał dowodzenie Nawałce. I tak jako uczeń szkoły podstawowej zbierał pierwsze trenerskie doświadczenia.

Do Wisły trafił z naboru. O przyjęcie do klubu musiał rywalizować z rzeszą chłopców kręcących się wokół Błoń i czekających na swoją szansę. Innych mogłoby to przerazić, ale Nawałka nie stracił rezonu. Towarzyszył mu ojciec i w razie czego mógł liczyć na jego wsparcie, ale żadnego nie potrzebował. Był tak skupiony na osiągnięciu celu, że nie zwracał uwagi, co się dzieje wokół. Testy trwały kilka dni, Grabka uważnie przypatrywał się każdemu z kandydatów. Po zakończeniu trzeciego treningu zagadnął przyjezdnego z Rudawy: „Od jutra zaczniesz zajęcia u trenera Franczaka".

Zaczynała się przygoda Nawałki z Wisłą, która potrwa dziewiętnaście lat.

W 1977 roku, kiedy Grabka odchodził na emeryturę, opowiedział o życiowej misji: – Ja tym żyję. To trudno wyrazić, jak ogromną satysfakcję daje mi wiadomość, że któryś z moich wychowanków awansował wyżej, najpierw do pierwszej drużyny juniorów, potem do zespołu ligowego, reprezentacji.

Obserwując rozwój kariery Nawałki, musiał czuć szczególną satysfakcję. Zasłużony trener zmarł w 1980 roku, ale zdążył nacieszyć się wszystkimi sukcesami piłkarza wypatrzonego kiedyś na Błoniach pośród tłumu chłopców.

Nawałka z początków w Wiśle najlepiej zapamiętał zapach mentolowego balsamu rozgrzewającego. Czuł go za każdym razem, przechodząc obok szatni pierwszego zespołu. Wyobraźnia nigdy go nie ograniczała, więc widział siebie za kilka lat siedzącego w tym miejscu i wcierającego w nogi maść o charakterystycznej woni. Na razie jednak podawał piłki podczas meczów Wisły i zachwycał się dryblingami Huberta Skupnika. Pupil krakowskiej publiczności imponował lekkością, kochał kiwać i nie znał w tym umiaru – ku radości kibiców zabawiał się z trzema czy czterema rywalami. Akcje błyskotliwego wiślaka zapadały głęboko w pamięci, co potwierdzają wspomnienia Nawałki. Nawet po latach potrafi ze szczegółami odtworzyć efektowne zrywy lewoskrzydłowego.

Głód kibiców Wisły, spragnionych mistrzostwa Polski, trwał od 1950 roku. Drużyna, której liderami byli Skupnik, Władysław Kawula czy Wiesław Lendzion, z sezonu na sezon odkładała nadzieje na powrót korony pod Wawel. Nikt nie miał prawa przypuszczać, że na bocznych boiskach, w cieniu stadionu, Franczak przygotowuje generację zawodników, która pozwoli wiślakom dumnie nazywać się najlepszymi w kraju.

Oni mieli szczęście, że trafili na trenera, który nie zdusił ich potencjału, tylko pomógł go rozwinąć. On mógł podziękować losowi, że dostał pod opiekę pokolenie tak utalentowanych piłkarzy. Wśród nich był Nawałka, występujący jeszcze jako napastnik, jednak kiedy wymieniano tych, którzy mogą zrobić największe kariery, nie było wśród nich jego nazwiska. Byli lepiej zapowiadający się piłkarze. Zachwycano się Andrzejem Targoszem, który jako pierwszy z juniorów, jeszcze przed siedemnastymi urodzinami, zadebiutował w seniorach Wisły. Jego karierę zahamowały jednak dwukrotne złamania nogi.

Nawałkę spośród grona wiślaków wyróżniała pracowitość, pod tym względem nikt nie mógł mu dorównać. Uczynił z niej największy atut, znak rozpoznawczy. Wiedział, po co przychodzi na trening i był najbardziej zdeterminowany, żeby codziennymi ćwiczeniami wady przekuwać w zalety.

Franczak jest jednym z tych trenerów, od których Nawałka zaczerpnął najwięcej. Jego wpływ na podopiecznego uwidoczni się wtedy, kiedy ten zdecyduje się pracować jako szkoleniowiec. Indywidualne zajęcia organizowane przez Franczaka dla piłkarzy Wisły tak spodobały się Nawałce, że w każdym kolejnym klubie, w jakim przyjdzie mu pracować, będzie doszkalać zawodników w ten sam sposób.

72-letni dziś szkoleniowiec był czcicielem piłki krakowskiej, która wyróżniała Wisłę i Cracovię na tle pozostałych drużyn w kraju. Nazywa ją grą świadomą – opartą na wyszkoleniu technicznym i konstruktywnych, krótkich podaniach. Żeby jednak jej wykonawcy mogli dominować na boisku, najpierw musieli doskonale panować nad piłką.

Dziś, zachowując odpowiednie proporcje, powiedzielibyśmy, że podobnie chce grać i gra Barcelona. Krakowska szkoła futbolowych talentów była znacznie skromniej wyposażona niż obecnie La Masia – jej absolwenci mieli do dyspozycji dwa boiska i ścianę podobną do tej, przy której tenisiści setkami powtórzeń dopracowują forhend i bekhend. Wiślakom służyła do poprawiania wyszkolenia technicznego.

Postawiono ją za namową Franczaka, który zainspirował się tym, co zobaczył w Belgradzie przy stadionie Crvenej Zvezdy. Jugosłowianie wyróżniali się w Europie tym, że w piłkę grali, a nie ją kopali. Przybysz z Polski koniecznie chciał poznać sekret ich przygotowań. W odpowiedzi usłyszał wyliczenia, jak długo zawodnicy ćwiczą indywidualnie

Lucjan Franczak – to od tego trenera Adam Nawałka chłonął najwięcej wiedzy, kiedy zaczynał grać w piłkę.

przy ścianie, żeby zaprzyjaźnić się z piłką i by ta nie robiła im psikusów w najważniejszych momentach meczów. Postanowił przenieść podobne rozwiązanie do Polski.

Ściana w Belgradzie była potężna – szeroka prawie na całą długość boiska i wysoka na dziesięć metrów. W Krakowie budowano z mniejszym rozmachem, co nie znaczy, że piłkarzom brakowało tam miejsca. Nawałka i inni wiślacy spędzali przed nią przynajmniej 40 minut w tygodniu. Franczak wysyłał tam każdego, zmierzyć się z nią musieli nawet uznani reprezentanci Polski. Przygotowano zestawy ćwiczeń na przyjęcie, strzał czy obrót z piłką. Obok ustawiano dwadzieścia desek, krótkich na półtora metra, które również pomagały kształtować technikę.

Zawodnik łapał rytm, powtarzając wyliczankę „tata-mama, tata-mama" i obijając o drewno piłkę, która nie mogła spaść. Były też deski ustawione pod kątem. Uchylne. Po zagraniu nie wiadomo było, jak odbije się piłka, co utrudniało zadanie. Zawodnik musiał być przygotowany do jej przyjęcia.

Zdarzało się, że Nawałka trenował z piłkarzami cztery lata starszymi. Szkoleniowcy specjalnie mieszali roczniki, mieli w tym swój plan. Starsi musieli radzić sobie z mniejszymi, ale napędzanymi ambicją zawodnikami, z kolei młodsi szukali sposobów, by przechytrzyć lepiej zbudowanych kolegów. Niedostatki fizyczne zmuszeni byli kamuflować sprytem i pomysłowością. Obie cechy okażą się przydatne w przyszłości, kiedy wiślaccy juniorzy pojawią się wśród dorosłych i naprzeciwko nich stanie wyższa o dziesięć centymetrów góra mięśni. Nie spęta im to nóg. Podobne sytuacje przerabiali w młodości, więc będą wiedzieć, co zrobić, żeby wywieść w pole silniejszego rywala.

ROZDZIAŁ III

Debiut

Złote pokolenie wiślaków, piłkarzy urodzonych w latach 1957–1959, które wkrótce miało przedstawić się futbolowej Polsce, najpierw bezlitośnie rozprawiało się z rówieśnikami w mistrzostwach kraju juniorów. W finale rozgrywek w 1975 roku wybili z głowy myśli o tytule graczom Warty Poznań (4:1), rok później Odry Opole (5:1). Kiedy Nawałka po raz pierwszy zawieszał na szyi medal i przymierzał niezbyt drogi zegarek ufundowany dla zwycięzców, był już po debiucie w najważniejszej drużynie Wisły.

Miał 17 lat i 155 dni, kiedy usiadł na ławce w ligowym spotkaniu z Górnikiem Zabrze. Po pierwszej połowie trener Henryk Stroniarz kazał mu się rozgrzewać, a zaraz po przerwie wpuścił nastolatka na boisko w miejsce Zbigniewa Krawczyka. Pechowe to były początki, bo krakowianie przegrali na wyjeździe 2:3 po golu strzelonym przez Andrzeja Szarmacha w ostatniej minucie.

Przed sezonem 1975/76 doszło do zmiany na ławce Wisły – Stroniarza zastąpił Aleksander Brożyniak, trener, który z mlekiem matki nie wyssał empatii, zamiast tego w stosunku do podopiecznych stosował zimny wychów. W pierwszych dniach na nowym stanowisku wezwał na rozmowę Nawałkę, po którym w Wiśle obiecywano sobie coraz więcej, i oznajmił szorstkim tonem: „Wiem, że Lucek przygotował cię pod względem techniki, ale teraz rzucam cię na głęboką wodę i bez koła ratunkowego. Jak ty już w niej będziesz pływać, to od ciebie zależy. Nikt ci nie pomoże wkomponować się w zespół i ułożyć relacji ze starszymi".

Nawałka zrozumiał przesłanie. Trener nie zamierza trzymać nad nim parasola ochronnego i młody piłkarz musi radzić sobie sam.

Należał do forpoczty juniorów, którzy coraz donośniej pukali do drzwi szatni Wisły. Miał już wokół siebie innych złotych medalistów – Andrzeja Targosza, Krzysztofa Budkę i Jana Jałochę, a wkrótce mieli dołączyć kolejni – Andrzej Iwan, Michał Wróbel, Leszek Lipka, Leszek Pawlikowski czy Marek Holocher.

– Mieli łatwiej niż moje pokolenie, które kilka lat wcześniej wchodziło do zespołu Wisły – nie ma wątpliwości Henryk Szymanowski, były zawodnik tego klubu. – Władkowi Kawuli czy Wieśkowi Lendzionowi musieliśmy mówić na „pan" i to były ostatnie słowa wypowiadane przez nas w ich obecności, bo nie mieliśmy prawa głosu. Starsi chyba się bali, że będziemy dla nich konkurencją, dlatego próbowali nas tłamsić, ciągle musieliśmy uważać. Adam Nawałka i jego koledzy byli już inaczej witani w drużynie, dostali większą swobodę.

Nim jednak armada wychowanków Lucjana Franczaka rozsiadła się tam, gdzie czuć zapach mentolowego balsamu rozgrzewającego, Nawałka niemal w pojedynkę musiał rozszyfrowywać hierarchię w drużynie. Zastał w niej charyzmatycznego Stanisława Goneta, mistrzów olimpijskich z Monachium – Kazimierza Kmiecika i Antoniego Szymanowskiego czy zdobywcę trzeciego miejsca na świecie Adama Musiała.

Brożyniak zauważył dobrą wydolność młokosa i znalazł dla niego miejsce na lewej stronie pomocy. Ten wprawdzie lepiej posługiwał się prawą nogą, ale takie ustawienie wynikało z sytuacji w drużynie i oznaczało, że będzie biegać przed Musiałem. Nawałka doskonale wiedział, że pierwsze, co musi zrobić, to przekonać do siebie wygę grającego dla Wisły od 1967 roku. Na podobnie wymagającego piłkarza mógł trafić jedynie po przeciwległej stronie, gdzie na swoim terenie rządził Antoni Szymanowski. Różnica między dwoma rutyniarzami była taka, że choć podczas meczu krzyczeli tyle samo, to Musiał nerwy zostawiał na zielonej murawie, a w szatni szybko się uspokajał. Szymanowski z kolei jeszcze przez kilka dni, zwłaszcza w przypadku młodego gracza, dołował go wypominaniem nieudanego zagrania.

Musiał był nieustępliwy, ale też nadpobudliwy i wręcz chorobliwie ambitny. – A dokładnie sakramencko wymagający od siebie i od innych. Zatłukłbym, gdyby kolega z drużyny coś zawalił. Trenerzy wprowadzający nowych chcieli, żeby na początku grali przy mnie. Byłem ich nauczycielem. Nie daj Boże, żeby nie zrobili tego, co chciałem. Jednego kopnąłem w dupę i wyrzuciłem z boiska, a trenerowi oznajmiłem, żeby nikogo nie wpuszczał, bo będę zapieprzał za niego i za siebie – przedstawia się Musiał.

Przy Nawałce lewy obrońca Wisły nie musiał chodzić z podobnymi prośbami do trenera. Raczej musiał go hamować, bo pełen energii chłopak biegał za dużo. Musiał był zadowolony, że dostał kogoś od czarnej roboty. Nawet jeśli zapędził się do przodu i nie zdążył wrócić, to wiedział, że jest ktoś, kto go zaasekuruje. Zdarzało mu się kończyć mecz z czystymi spodenkami, za to harujący przed nim Nawałka schodził tak umorusany, że trudno mu się było doczyścić pod prysznicem.

Adam Nawałka przy piłce w trakcie meczu Wisły.
Już wtedy wyróżniały go białe nakostniki.

– Skoro Musiał miał gwarancję, że na jego stronie nic nie zostanie zawalone, to dlaczego nie zaakceptowałby młodego? – pyta Brożyniak.

Nawałka szybko zdobył zaufanie doświadczonego gracza, w zamian za to ten pomagał mu ustawiać się na boisku. Początki przyjaciela w nowym środowisku pamięta Iwan. Na stadionie Wisły zajmował miejsce w dziesiątym sektorze, gdzie zbierali się najzagorzalsi kibice. Nawet wśród ich okrzyków słyszał podpowiedzi Musiała: „Adam, lewa, prawa, przesuń".

Również inni ze starej gwardii polubili Nawałkę. Serdeczny, ciągle uśmiechnięty i niewychodzący przed szereg. Nazwali go „Ciepły". Również dlatego, że podobał się mężczyznom.

Michał Listkiewicz w kwietniu 1977 roku pracował jako tłumacz w Budapeszcie, kiedy reprezentacja Polski przyjechała na mecz z Węgrami. Zorganizował wyjście kadrowiczów na kąpielisko pod Górą Gellerta i zarazem ostrzegł, że jest to też miejsce spotkań miejscowych gejów. Mieli nie reagować na ich zaczepki i nie podnosić upuszczonego mydła, które tamci celowo zostawiali pod prysznicem, żeby wybadać zainteresowanie. – Adam z uprzejmości nieopatrznie wziął to mydło, co dla gejów stało się jasnym sygnałem. Z odsieczą pospieszył Jan Tomaszewski i z ręcznikiem związanym w supeł pogonił natrętów – opowiada były prezes PZPN.

Za sprawą coraz mocniej rozpychającej się młodzieży średnia wieku w zespole Wisły znacząco spadła. Podopiecznym Franczaka łatwiej było odnaleźć się w mniej wysublimowanej szatni niż ta, którą poznali w juniorach, bo mogli liczyć na wzajemne towarzystwo i pomoc. W żadnym innym klubie ekstraklasy młodzieżowcy nie weszli do pierwszej drużyny taką ławą.

– W Wiśle o 23-letnim zawodniku już mówiło się, że jest za stary, trzeba go wymienić i wprowadzić młodego. Oczywiście tak się nie działo, ale to pokazuje, jaki mieliśmy napływ juniorów – odrysowuje tamte dni Franczak.

To, że Wisła ma najzdolniejszą młodzież w Polsce, nie podlegało dyskusji. 31-letni Brożyniak stanął przed wyzwaniem, żeby te diamenty oszlifować i nie pozwolić zginąć po drodze. Nie zamierzał na nie chuchać i dmuchać, zaczął za to zmieniać życie drużyny. Nie podobało mu się, że przed treningami zawodnicy wpadali do szatni w ostatniej chwili. Wprowadził zasady, według których mieli się w niej pojawiać pół godziny przed zajęciami.

– W Polsce nikt o tym jeszcze nie myślał. A gdzie się zaczyna dyscyplina? W szatni. – Brożyniak cofa się wspomnieniami o 40 lat. – I nagle okazało się, że znaleźli czas na wspólną kawę. Mieli swoje miejsce u magazyniera, a jak pogoda pozwalała, to siadali na ławce przed klubowym budynkiem. Takie rozmowy czy żarty spajały zespół, kształtowały jego oblicze. Powtarzałem, że skoro są profesjonalistami, to wymagam od nich odpowiedniego podejścia.

Przekonał się o tym Nawałka, kiedy złamał regulamin i opóźnił powrót ze zgrupowania młodzieżowej reprezentacji Polski. Brożyniak znał ze studiów trenera tej kadry, Mariana Szczechowicza. Zadzwonił do niego zaniepokojony. Dowiedział się, że zgrupowanie skończyło się dzień wcześniej o godzinie 20 i Nawałka dawno powinien być w klubie. Kiedy już pojawił się na zajęciach, Brożyniak chciał wiedzieć, dlaczego opuścił treningi. Nawałka tłumaczył się odwiedzinami u wujka w drodze do Krakowa. Ponieważ występował już w lidze i obowiązywały go inne kryteria niż juniora, dostał karę finansową. Obiecał, że to pierwszy i ostatni raz. Trener nie miał z nim więcej problemów.

Za to coraz więcej kłopotów z młodziakami z Wisły mieli rywale w ekstraklasie. Może jeszcze nie wygrywali regularnie, odzywał się ich brak doświadczenia, ale ze wsparciem starszych kolegów coraz wyraźniej sygnalizowali, że mierzą wysoko. Pewni umiejętności, wyróżniający się wyszkoleniem technicznym, stawali się coraz bardziej bezczelni, czym wyprowadzali z równowagi nawet Brożyniaka. Przy wysokim prowadzeniu uwielbiali dawać „kanały", precyzyjnie przepuszczali piłkę między nogami rywali i liczyli, kto zrobi ich najwięcej. Lipka, w kręgach wiślackich nazwany „najlepszym technikiem ćwierćwiecza", wolał najpierw w ten sposób ośmieszyć rywala, a dopiero potem zagrać do kolegi. Trener Wisły wiedział, że takie zachowanie świadczy o swobodzie jego piłkarzy, ale zaczęło go to denerwować. W końcu zabronił takiej gry.

Wisła stawała się coraz groźniejsza, a jej zawodnicy coraz bardziej zauważalni. Mówiło się już nie tylko o Szymanowskim, Musiale czy Kmieciku. Zdarzało się, że w czasie zgrupowań narodowych kadr w Krakowie zostawało czterech zawodników, a Brożyniak był zmuszony organizować treningi indywidualne. Pozostałych kilkunastu graczy rozjeżdżało się na mecze pierwszej reprezentacji, młodzieżowej i juniorskiej.

Od sezonu 1975/76 Nawałka był już podstawowym piłkarzem Wisły. Najlepsze chwile, choć nie tak długie, jak wszyscy się spodziewali, nadchodziły.

ROZDZIAŁ IV

Wisła

Poznali się w trampkarzach Wisły. Razem wyjeżdżali na obozy i z dala od domu uczyli samodzielności, ekscytowali się pierwszymi pocałunkami z dziewczynami i wspólnie przeżywali męki przed ścianą płaczu, jak nazywali kawałek muru postawionego przez Lucjana Franczaka, o który godzinami obijali piłkę. Czy można się dziwić, że skoro znali się od dziecka, to czuli się ze sobą tak dobrze?

Wiedzieli o sobie wszystko, znali gesty i przyzwyczajenia, sposób myślenia na boisku. Ich czujność wznosiła się na wyżyny, kiedy przy piłce był dyrygujący grą zespołu Leszek Lipka. Podziwiali jego umiejętności i choć nie patrzył w ich stronę, to w każdej chwili mogli spodziewać się podania.

Najlepszym dryblerem spośród nich był Michał Wróbel. Ponoć raz z taką częstotliwością wypróbowywał na obrońcy kiwki przez 90 minut, że tamten po ostatnim gwizdku zamiast zejść do szatni, zakręcony poszedł w drugą stronę – pod sektor kibiców Wisły. Koledzy Wróbla wiedzieli, że kiedy dostaje piłkę na skrzydle, lepiej nie wbiegać od razu w pole karne, bo i tak nie dośrodkuje. Czekali cierpliwie przed szesnastką, zanim po raz drugi nie przedrybluje obrońcy, a czuł taką potrzebę prawie zawsze. Dopiero wtedy przyspieszali i pojawiali się bliżej bramki, bo widzieli, że Wróbel jest gotowy do podania.

Jeszcze udawało im się prowadzić zwyczajne życie nastolatków, ale wkrótce zmierzający w ich kierunku świat dorosłych otworzył drzwi i zaprosił do środka. Im lepiej kopali piłkę, tym więcej zarabiali. Gra w pierwszej drużynie Wisły zapewniała dodatkowe możliwości, ale stwarzała też pokusy, na które nie wszyscy okazali się odporni. Młodzi piłkarze szybko odkryli, że dzięki reprezentowaniu milicyjnego klubu mogą sobie pozwolić na więcej niż inni. Na ulicach Krakowa oraz w jego najlepszych lokalach czuli się bezkarni.

W juniorach było inaczej. Nie działał na nich szelest pieniędzy, cieszyły piłka, wspólne towarzystwo i żarty. Tych w Wiśle nigdy nie brakowało, a grupę prowodyrów tworzył Adam Nawałka z Andrzejem Iwanem i Krzysztofem Budką. Kiedy widzieli, że kolega szykuje się do wyjścia na imprezę, moczyli mu nogawki eleganckich spodni i wiązali w supeł. Ubawieni obserwowali, jak najpierw próbuje go rozplątać, a potem z pomiętymi spodniami, które absolutnie nie kwalifikowały się do wyjścia na potańcówkę, wraca do domu.

Kiedyś Nawałka nabrał pozostałych na historię o kontuzji, jakiej miał doznać podczas snu. W rzeczywistości nabawił się jej wcześniej, na treningu, ale nikt poza lekarzem o tym nie wiedział. Przy śniadaniu koledzy zwrócili uwagę na markotnego Nawałkę, którego przecież znali z tego, że uśmiechał się więcej, niż trzeba.

– Co się stało? – doskoczyli do niego.

– A, nic takiego.

– No mów, co ci jest?

– Wyobraźcie sobie, że śnił mi się mecz. I grałem w nim tak ostro, że naciągnąłem mięsień.

Nie uwierzyli. Zaczepili lekarza, który siedział przy sąsiednim stoliku.

– Co jest Adamowi?

– Naciągnął mięsień – odpowiedział, leniwie przeżuwając kanapkę. Podobno od tamtej pory niektórzy w Wiśle zastanawiali się przed snem, jak zabezpieczyć się na wypadek nocnych kontuzji.

Ale i herszt grupy dbającej o humor w zespole musiał uważać, żeby inni nie zemścili się za jego dowcipy. Nosił wilk razy kilka, a w Belgradzie ponieśli i wilka.

– Pojechaliśmy tam na turniej. Siedzieliśmy w pokoju, Adam brał prysznic. Zaczęło się od jakichś głupich żartów, ale w końcu wypchnęliśmy go nagiego z łazienki na korytarz i zamknęliśmy drzwi na klucz. Dobijał się do nich uparcie, błagając, żeby otworzyć, ale zabawa była zbyt dobra, żebyśmy go posłuchali. Nagle usłyszeliśmy przeraźliwy krzyk kobiety. Na tym samym piętrze mieszkała Azjatka, której nie spodobało się, że roznegliżowany Adam biega przed jej drzwiami – opowiada Marek Holocher, bramkarz Wisły.

Na innym zgrupowaniu odwiedził wiślaków Roman Hurkowski z „Piłki Nożnej". Szykował reportaż o ich przygotowaniach i zaplanował, że będzie trenować z nimi jako bramkarz. Szkoleniowcy nie mieli nic przeciwko. Kiedy dziennikarz intensywnie rozgrzewał się w bramce, wiślacy ustalili między sobą, że spróbują mu wybić jak najwięcej palców. I strzelali z każdej pozycji. Dwadzieścia metrów, pięć, dwa metry – w kierunku bramkarza odpalano pocisk za pociskiem. Kiedy skończyły się zajęcia, Hurkowski drżącą ręką zdejmował rękawicę z opuchniętej dłoni. – Dwa palce mi złamaliście – patrzył z niedowierzaniem.

Adam Musiał aż poprawia się w fotelu, kiedy słyszy pytanie o najlepszy numer, jaki komuś wywinął. Dawny ulubieniec kibiców Białej Gwiazdy i piłkarz, przy którym pierwsze kroki stawiał Nawałka, pracuje dziś na jej stadionie jako kierownik odpowiedzialny za bezpieczeństwo, choć tak naprawdę trudno określić, czym się zajmuje. Po zawirowaniach w jego życiu pomocną dłoń wyciągnął do niego Bogusław Cupiał i zapowiedział, że dopóki on jest właścicielem Wisły, Musiał będzie w niej pracować.

Odwiedzam go w jego niewielkim pomieszczeniu zajmowanym wspólnie z ochroniarzami. Początkowo jest nieufny, z powtarzającym się grymasem na twarzy, bo i prawda jest taka, że powodów do uśmiechu ma mniej niż dawniej. Dopiero przywołanie wspomnień z czasów kariery powoduje, że jego usta układają się w delikatny półksiężyc.

– Z Kaziem Deyną wykręciliśmy kiedyś jeden taki przenumer! – zaczyna gestykulować. I już łatwiej uwierzyć, że ten zgarbiony pan siedzący naprzeciwko był tym, po którego żartach cała szatnia, czy to w Wiśle, czy w reprezentacji, trzęsła się ze śmiechu. – W kadrze mieliśmy kierownika, za którym nie przepadaliśmy. Komuch, tylko takich do nas doczepiali. Czekał nas mecz za granicą, a na lotnisku przed wylotem za każdym razem odwiedzaliśmy supersam, żeby zrobić zakupy. Kierownik został obok mnie w autokarze, a Kazio poszedł do sklepu. I wraca z paczką makaronu czterojajecznego. Rurkami.

– Co żeś kupił, przecież masz tyle w bagażniku? – udaję zaskoczonego.

Kazimierz Deyna, Adam Musiał i Robert Gadocha w 1973 roku.

– A jeszcze jedną dokupiłem, znalazłem miejsce w torbie – odpowiada Kazio. Kierownik przysłuchuje się naszej rozmowie i nie wie, o co chodzi.

– A co to jest? – w końcu pyta.

– No makaron.

– A po co makaron?

– No jak to, to pan nie wie, że za granicą najlepiej idzie makaron?

– Taaak?

– No pewnie, przecież najwięcej się na nim zarabia.

– Stop, proszę pana, proszę poczekać! – wydarł się do kierowcy autobusu.

Patrzymy przez okno, a on ciągnie taką dużą pakę na sznurku. Ze dwanaście opakowań tam było albo i więcej. Przed odprawą paszportową pogadaliśmy z celnikami, żeby go się nie czepiali, tylko puścili. Przewiózł to ucieszony. Zagraliśmy mecz, następnego dnia mieliśmy wracać.

– Panie Adamie, a co z tym makaronem? – zaczepił mnie dyskretnie.

– Jak to?! To pan ma jeszcze ten makaron?! – zrobiłem wielkie oczy. Kiwnął głową, więc ciągnąłem przedstawienie. – Panie, jak żeśmy przylecieli, to zaraz Polacy przyjechali pick-upem i cały towar hurtem pozabierali. Wzięli i zapłacili.

– O Jezu... – jęknął.

I z powrotem ten makaron przywiózł. No to my żeśmy do celników na Okęciu wyskoczyli pierwsi, żeby mu cło przypieprzyli. Bo to żywność. I zapłacił 150 złotych za wwóz makaronu do kraju.

Oto Adam Musiał w swoim żywiole. Mógłby pomyśleć o spisaniu wspomnień.

Obrońca Wisły przyjaźnił się z bramkarzem Stanisławem Gonetem. Przezywali go „Biały", bo miał karnację, jakby całe życie pracował w młynie. Ich losy splotły się w reprezentacji Polski juniorów i dzięki przypadkowi bramkarz trafił wraz ze swoim druhem do Wisły. Jej trenerzy przyjechali po Musiała do Nowego Sącza na mecz kadry z ZSRR. Kiedy ten usłyszał o ich wizycie, zapowiedział Gonetowi, że nie wraca z nim pociągiem, tylko samochodem z wysłannikami Wisły. Bramkarz zapytał, czy mogą go zabrać i wysadzić w Tarnowie. Nie mieli nic przeciwko. Po drodze dogadał się z nimi, żeby następnego dnia przyjechać do Krakowa i tak został wiślakiem.

W drużynie nazywano go specjalistą od spraw niemożliwych. Rzadko zdarzała się taka, której nie załatwiłby obrotny bramkarz. Potrafił nawet zorganizować paszport, co w latach 70. dla przeciętnego obywatela graniczyło z cudem. Gonet po treningu gnał do Wydziału Paszportowego, gdzie spędzał godziny przy biurkach pracowniczek i z czarującym uśmiechem zabawiał je rozmową. W przerwach między prawieniem komplementów przygotowywał deklaracje o wydanie paszportu dla innych. Gdyby zebrać osoby, które dzięki niemu wyjechały na Zachód, trzeba by pewnie podstawić dwa samoloty, bo w jednym mogłyby się nie pomieścić.

Miał dojścia, kontakty i wrodzoną zaradność. Stoły w domach wiślaków uginały się od szynki czy baleronu, podczas gdy w sklepach klienci widzieli gołe haki. Gonet znał rzeźnika, który zaczął zaopatrywać piłkarzy. Najpierw robili zrzutkę, a on skrupulatnie ważył towar, żeby każdy dostał tyle samo mięsa, i wkładał porcję po porcji do dwudziestu kilku toreb.

Status piłkarza zapewniał wiślakom przywileje, a oni nie mieli oporów przed korzystaniem z nich. Wiedzieli, co mogą załatwić i w jaki sposób. Przeszkody napotykali tylko czasami. Jak przed Bożym Narodzeniem, kiedy w domach dostali zamówienie na karpie, a niespodziewanie pojawił się problem z dostępem do pożądanego towaru. Błagalnym wzrokiem spojrzeli na Goneta, ale nawet on nie mógł nic zaradzić. Zbliżała się Wigilia, cały zespół pozostawał z pustymi rękami. W końcu pomógł kierownik drużyny. Załatwił 30 kilogramów żywych ryb, ale z zastrzeżeniem, że są do odbioru od razu. Wiślacy chwilę myśleli, co z nimi zrobić, aż w końcu ktoś przytomnie zauważył, że w klubie jest basen do odnowy. Spuścili ciepłą wodę, wlali zimną i wpuścili karpie, a sami wyszli na trening.

Drużyna Wisły Kraków przed meczem z Arką, kończącym mistrzowski sezon 1977/78.
Adama Nawałkę widać było z daleka...

6,3 %!

Ponieważ spotykali się ostatni raz przed świętami, to po zajęciach, jak to mieli w zwyczaju, zorganizowali wewnętrzną Wigilię. Wszystkich przyjął klubowy szewc w warsztacie obok basenu. Rozlali pierwszą butelkę wódki, drugą, trzecią... Nie zamierzali kończyć opłatkowego spotkania, ale zrobili się głodni. Zaraz sobie przypomnieli, że przecież obok pływają świąteczne przysmaki. Wysłali szewca na połów. Przyniósł dwa karpie, oporządził i wrzucił na patelnię. O lepszej zagryzce nie mogli marzyć. Kiedy skończyła się impreza, każdy ruszył do basenu, żeby wyłowić tyle ryb, na ile się zapisał. Karpie znikały jeden za drugim, aż w końcu basen opustoszał. Okazało się, że nie ma ryb dla szewca.

– Gdzie moje karpie? – niemal łkał.

– Przecież usmażyłeś – podpuszczali go zawodnicy. Ale w końcu i dla niego znalazły się obiecane ryby, oddali ze swoich.

ROZDZIAŁ V

Zabawa

Tworzyli drużynę nie tylko na boisku. Wiślacka paczka przyjaciół wciąż łaknęła swojego towarzystwa, aż czasami doba stawała się dla nich za krótka. Po treningu mało kto spieszył się do domu, zamiast tego woleli rozmowy w swoim gronie. Nieopodal stadionu w restauracji Dniepr drzwi zawsze stały przed nimi otworem. I choć generał Wojciech Jaruzelski wprowadził w kraju zakaz sprzedaży alkoholu powyżej 4,5 procent przed godziną 13, to nie obowiązywał on piłkarzy Wisły. Znajomy kelner zawsze trzymał dla nich coś specjalnego pod ladą, gotowy wyciągnąć nawet w południe, jeśli tylko pragnienie przywiodło ich do Dniepru.

Taka to była Wisła – miszmasz osobowości i charakterów, których połączenie przyniosło klubowi wytęsknione mistrzostwo Polski.

Pomysły mieli lepsze i gorsze. Obrońca Wisły Piotr Skrobowski z Monte Carlo, gdzie odbierał od Grace Kelly puchar za drugie miejsce w mistrzostwach Europy juniorów, przywiózł nie tylko trofeum, ale i pornosy. Po jego powrocie w szatni rozwieszono prześcieradło i zorganizowano drużynowy seans filmów dla dorosłych.

Nawałka dobrze czuł się w grupie wiślackich łobuziaków i często zapraszał ich do Rudawy. Kiedy ostatniego dnia grudnia 1977 roku dowiedzieli się, że na balu sylwestrowym w restauracji U Wiślaków nie ma tyle miejsc, by wszyscy się zmieścili, spontanicznie zwołał ich do siebie. Zapamiętali tego sylwestra do dziś, bo w Nowy Rok zasypało wieś i musieli zostać do wieczora. Ale nikt nie narzekał.

Kiedy nadeszły ciepłe miesiące, wiślacy gościli u Nawałki jeszcze częściej. Ojciec przygotowywał kociołek z jedzeniem, a oni siedzieli przed domem, sączyli piwo i snuli plany na przyszłość. Jak grupa przyjaciół ze studiów, z tą różnicą, że następnego dnia zamiast na wykłady szli na trening.

Skoro przy domu był kort, to często jeden rzucał wyzwania drugiemu. Najczęściej wśród tenisowych amatorów można było zobaczyć Nawałkę. Piotr Skrobowski, piłkarz Wisły młodszy od niego o cztery lata, przyznaje, że zaczął bać się go podczas tych towarzyskich partyjek. Choć może „towarzyski" nie jest najodpowiedniejszym określeniem, bo takiego nie ma w słowniku Nawałki. Od kiedy dostał rakietę, po drugiej stronie siatki nie widział już kolegi, z którym dziesięć minut wcześniej siedział przy stole, tylko wroga, którego trzeba pokonać i udowodnić mu swoją wyższość. Na korcie krzyczał, wyzywał, obrażał. Podobnie było na boisku piłkarskim. Odmienny kolor koszulki działał na niego jak płachta na byka i nie jest to przesadzone porównanie.

Kiedyś jeden z takich tenisowych meczów przedłużył się do wieczora i trzeba było go przerwać, bo zawodnicy nie widzieli piłki. Nie ograniczała ich jednak pomysłowość. Podjechali dwoma samochodami z obu stron kortu, włączyli światła i można było dokończyć spotkanie.

Musiał przypomina sobie psa, który biegał po podwórku państwa Nawałków. Normalnie bał się tych zwierzaków, ale nie tego. Psina przychodziła do niego, kładła pysk na kolana i domagała się głaskania. – Najspokojniejszy pies świata – podkreśla. Do czasu był tak spokojny.

– Krzysiek Budka tak go wytresował, że na hasło „Motyka", a Marek nie był lubiany w drużynie, dostawał korby. Wściekał się, biegał jak oszalały. Wystarczyło, że ktoś krzyknął „Motyka", a on wskakiwał na bramę wjazdową i łapał zębami za kraty, jakby wszystkie chciał przegryźć.

W Rudawie się wyciszali, ale częściej można ich było spotkać tam, gdzie dudniła głośna muzyka, a im przy dźwiękach przebojów Czerwonych Gitar czy Anny Jantar noc mieszała się z dniem. Żyli rytmem nocnego Krakowa, a żeby jakoś usprawiedliwić przed sobą prowadzenie się niezbyt przystające do etosu sportowca, ustalili, że będą bawić się tylko po wygranym meczu. Z radości. Ale w końcu i po przegranym też pili, ze smutku.

Starsi piłkarze Wisły odwiedzali restaurację Warszawianka, gdzie nie musieli kupować biletu i zawsze czekał na nich nakryty stolik. Zaprosili tam kibica Wisły mieszkającego na stałe w Niemczech. Wieloletni emigrant, stęskniony za ojczyzną, którego wzruszała piosenka: „Jak długo na Wawelu...". Stawał wtedy na baczność i tkwił w takiej pozycji do ostatniej zwrotki. Kiedy dowiedzieli się o tym piłkarze, zaraz dogadali się z muzykami, żeby zagrali utwór więcej niż raz. I kiedy ci zbliżali się do końca, ze stolika zajmowanego przez wiślaków rozległo się donośne: „bis!". Orkiestra skończyła, znowu bis. I tak przez półtorej godziny. Wiślacki emigrant nie usiadł ani na chwilę, stojąc wytrwale i nucąc kojącą jego serce melodię. W końcu kierownik sali poprosił ich, żeby przestali z bisami, bo pozostali goście się niecierpliwią i nie chcą już słuchać o zwycięskim orle i polskim ludzie.

Młodzież z Wisły wybierała kluby studenckie, takie jak Rotundę czy Pod Jaszczurami, gdzie bawili się goście w zbliżonym do nich

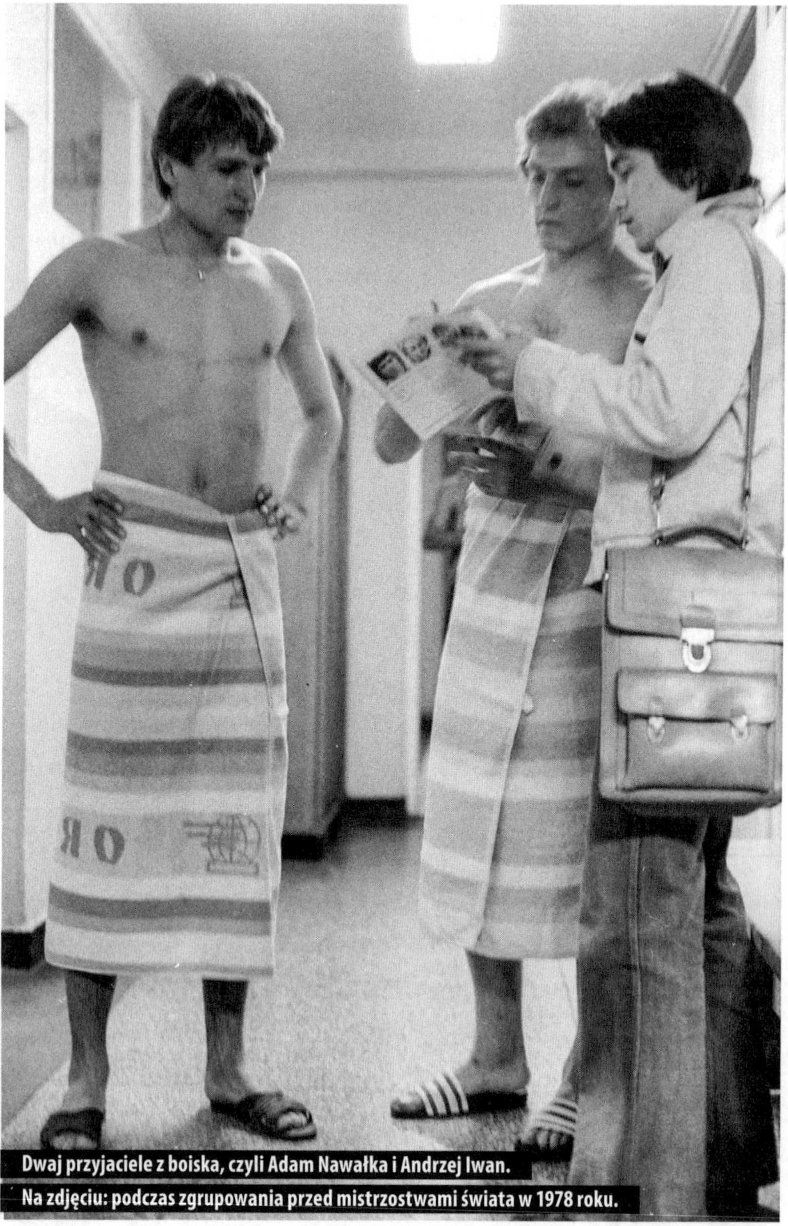

Dwaj przyjaciele z boiska, czyli Adam Nawałka i Andrzej Iwan.
Na zdjęciu: podczas zgrupowania przed mistrzostwami świata w 1978 roku.

wieku, no i przychodziło więcej dziewczyn. Największym powodzeniem, to zgodna relacja wszystkich wiślaków, z którymi rozmawiałem, cieszył się Nawałka. Mógł odstawać od kolegów przy barze i nie nadążać za ich tempem, ale w podrywaniu kobiet to oni mogli brać u niego korepetycje.

– Przeimprezowaliśmy tak parę miesięcy. Adam nie unikał zabawy, potrafił się rozluźnić. My piliśmy wódkę, a on zamawiał szampana czy wino, choć zdarzało mu się też przechylić kieliszek naszego trunku – opowiada Andrzej Iwan.

Kiedyś trójka wiślaków – Marek Holocher, Janusz Krupiński i Andrzej Targosz – w środku tygodnia, kilka dni przed meczem z Ruchem Chorzów, odwiedziła klub Pod Jaszczurami. Targosz przyjechał fiatem 125p, ale dla pewności, żeby nie kusiło go siadać za kółkiem po kieliszku, oddał kluczyki Holocherowi. Rezerwowy bramkarz akurat założył spodnie bez kieszeni, więc przekazał je dalej, Krupińskiemu.

„Bochen" – mówili tak na niego z powodu silnych rąk, którymi mógł łamać podkowy – zamówił pierwszą flaszkę. Po kolejnej postanowił się przewietrzyć, a przy okazji przejechać fiatem po Rynku, oczywiście bez wiedzy właściciela. Nie wiadomo, jak to się stało, ale nie zauważył stojącego naprzeciwko kościoła Mariackiego i z impetem wjechał w jego ścianę. Kierowcy, poza stłuczonym kolanem, nic się nie stało. Dzięki operatywności działaczy Wisły, a mieli już w tym doświadczenie, udało się zatuszować wypadek. Jedynie Targosz był niepocieszony.

Kiedy w weekend Krupiński wyszedł na mecz z Ruchem, nikt na trybunach nawet nie przypuszczał, że kilka dni temu miał bliskie spotkanie z murami kościoła Mariackiego i skasował auto kolegi. Jedynie koledzy gorzko żartowali, że zabytkowa bazylika ocalała podczas zaborów, wojen czy okupacji, a mogła nie przetrwać wyjścia „Bochna" do Jaszczurów.

Krupiński po wypadku mógł chodzić o własnych siłach, więc nawet nie brał pod uwagę tego, że nie wystąpi przeciwko Ruchowi. Było w Wiśle przyzwolenie na balangi bez opamiętania, ale pod jednym warunkiem. Na najbliższym treningu czy meczu nikt nie mógł odpuszczać i pokazywać, że w ostatnich godzinach zamiast wypoczywać, demolował organizm, a jedyne, czego teraz pragnie, to schować się pod kołdrą, a nie ścigać o piłkę z wypoczętym rywalem.

Wiślacy tego pilnowali, wzajemnie się mobilizowali i rzadko się zdarzało, żeby ktoś zapominał o tej niepisanej zasadzie. Jej strażnikiem był Musiał, który podobnie jak na boisku, nie oszczędzał się też na imprezach. Ale kiedy następnego dnia wychodził na trening i zawodnicy mieli przebiec trzy kilometry, to dokładał sobie kilometr, żeby wypocić pozostałości z ostatniej nocy.

Musiał pamiętał z Wisły trenera Michała Matyasa, lwowiaka, który otwarcie zachęcał ich po meczach, żeby wspólnie wyszli i rozluźnili się przy czymś mocniejszym, ale zaraz dodawał, że trzeba umieć pić i trenować. W restauracji kazał podopiecznym siadać najbliżej stolika, przy którym jest najbrzydsza dziewczyna. – Jeśli zaczynała nam się podobać, to trzeba było uciekać do domu, bo to znak, że jesteśmy pijani – Musiał przywołuje osobliwe rady trenera Matyasa.

Piłkarzom z innych klubów zasady wiślackiej ekipy mogły wydawać się dziwne, a i sami boleśnie się o nich przekonywali. Trzy dni przed ligowym spotkaniem Wisły z Zagłębiem Sosnowiec reprezentacja grała towarzysko z Rumunami w Bukareszcie. Już wcześniej lider Zagłębia Wojciech Rudy postanowił, że przysłuży się swojej drużynie i upije

Iwana, o którym wiedział, że nie odmawia. Podczas trzydniowego wyjazdu nadskakiwał mu, dolewał, polewał, a sam trzymał kieliszek daleko od stołu. Iwan od tamtej pory nie może patrzeć na marynowaną cebulę, którą zagryzali, bo nic innego nie było w hotelu.

Ponieważ Rudy trafił na podatny grunt, miał prawo czuć się zwycięzcą. Z hotelu koledzy wynieśli wiślaka nieprzytomnego, podobnie zresztą jak z samolotu, który wylądował w Polsce. Jeszcze w dniu meczu trener Lucjan Franczak z kierownikiem drużyny cucili go zimnymi prysznicami i kawą. A w Sosnowcu wyszedł na boisko, strzelił dwa gole, Wisła wygrała 2:1. Rudy kręcił tylko głową z niedowierzaniem.

Jeśli istnieje zasada o przeciwieństwach, które się przyciągają, to przyjaźń Iwana z Nawałką mogłaby być opisana jako modelowa. Na pierwszy rzut oka powinni trzymać się od siebie z daleka – w czasie kiedy jeden wytrwale szukał kłopotów w podejrzanych spelunach, drugi kończył wizytę u masażystów, żeby być przygotowanym do treningu następnego dnia. Ale zamiast niechęci, coś ich do siebie ciągnęło.

Przed wyjazdem na mistrzostwa świata do Argentyny reprezentacja kwaterowała w warszawskim hotelu Solec. Tam Nawałkę i mieszkającego z nim w pokoju Iwana zaskoczył złodziej. Przyszedł w nocy, ukradł znaczną sumę pieniędzy. Nawałce nawet wydawało się, że ktoś kręci się po pokoju, ale został w łóżku przekonany, że to sen.

– Nikt nas nie pilnował, złodzieje mieli recepcjonistów w kieszeni. Komuna głęboka. Gdybym złapał tego złodzieja, to mógłbym mu zrobić krzywdę. Adam pewnie odpuściłby mu i dał jeszcze na fajki – opowiada Iwan.

Kiedyś namówił przyjaciela, żeby usiadł z nimi do pokera. Nawałka nie czuł się z kartami w ręku tak dobrze jak Iwan, bo kiedy inni licytowali przy stole, on wolał czytać książkę, ale tym razem dał się skusić. W pierwszym rozdaniu dostał karetę asów, świetny układ, który mógł przebić jedynie poker. I jak na złość wyłożył go Iwan. Nawałka przegrał adapter Fonomaster, jeden z najlepszych na rynku, ale szybko zapomniał o stracie, pocieszając się, że i tak zamierzał kupić nowy.

Nikt nie wpadał w tarapaty z taką regularnością jak Iwan i nikogo tak często nie musiał z nich wyciągać rządzący klubem pułkownik Zbigniew Jabłoński. Gdyby policzyć, ile razy niepokorny piłkarz był zawieszany, to wyszłoby, że przez przymusowe pauzy stracił sezon, a może i więcej. Najgłośniejszą aferą była ta w restauracji Stylowa, kiedy zaatakował kelnerki i pobił się z milicjantami. O sprawie zrobiło się zbyt głośno, żeby można ją było zamieść pod dywan. PZPN zawiesił go na rok, wrócił po ośmiu miesiącach. To najpoważniejszy wybryk Iwana, część mniejszych udało się ukryć przed opinią publiczną.

Wisiał też Musiał za spowodowanie wypadku pod wpływem alkoholu. Wiślak po mistrzostwach świata w 1974 roku skorzystał z okazji i kupił w promocji bmw. Reprezentanci podczas turnieju w Niemczech odwiedzili fabrykę należącą do tego koncernu i usłyszeli zapewnienie, że jeżeli są zainteresowani którymś z aut, to dostaną rabat. Oprócz Musiała ich właścicielami zostali Antoni Szymanowski, Robert Gadocha i Kazimierz Deyna.

Wiślak jeździł niemieckim autem dwa, może trzy miesiące. Tuż przed Świętem Zmarłych, prowadząc po pijanemu, uderzył w tył ciężarówki w Prokocimiu. Gdyby jechał innym samochodem niż masywne bmw, to prawdopodobnie by zginął. A i tak lekarze musieli używać cudów medycyny, żeby mógł wrócić na boisko. Spoili mu blachą kilka kości, co nie uszło uwadze kolegów i od tamtej pory był już „Blachą".

Większość piłkarzy Wisły zatrudniano na etacie w milicji. Od 1978 roku również Nawałkę, choć jak tłumaczył, stało się to bez jego wiedzy i tylko na moment. – W trakcie mundialu w Argentynie działacze Wisły, chcąc się zabezpieczyć przed moim ewentualnym transferem i niejako związać z klubem, wciągnęli mnie na etat. Po powrocie z mistrzostw dowiedziałem się, że zostałem... milicjantem. Szybko postarałem się o powrót do roli stypendysty – wyjaśniał. Nie przeszkadzało to kibicom innych drużyn śpiewać „Mundur niebieski i biała pałka, sierżant milicji Adam Nawałka".

Szeregowi funkcjonariusze nie przepadali za wiślakami. Mieli swoje powody, bo piłkarze nie kryli się z tym, że traktują ich z góry. W teorii pracowali razem i odbierali pensje z tej samej kasy, ale wzajemna niechęć wirowała w powietrzu. Piłkarze czuli się mocni, rzadko reagowali na prośby milicjantów, żeby nie jeździć pod prąd na Rynku, a kiedy mundurowi zatrzymywali ich do kontroli, machali im odznaką przez okno i bezczelnie dociskali pedał gazu.

Podobno kiedy milicjantka z drogówki przyjechała na miejsce wypadku Musiała, zobaczyła zniszczone auto i zakrwawionego kierowcę, powiedziała: „No wreszcie temu skurwysynowi coś się stało".

– I jeszcze napisała w raporcie, a usłyszałem to podczas rozprawy, że odpowiedziałem pielęgniarce, która kazała mi wstać, że mogę na chuju stanąć. Tylko jak ja mogłem tak powiedzieć, skoro leżałem nieprzytomny? – dziwi się po latach Musiał.

ROZDZIAŁ VI

Profesjonalizm

Trudno było nie podziwiać Holendra i jego kunsztu artysty połączonego ze zmysłem wizjonera. Wpatrzonych w Johana Cruyffa było wielu, a młody Adam Nawałka nie był wyjątkiem. Miesiąc przed osiemnastymi urodzinami mógł go wreszcie zobaczyć na żywo. Reprezentacja Holandii z Cruyffem jako kapitanem przyjechała do Chorzowa zagrać z zespołem Kazimierza Górskiego w eliminacjach mistrzostw Europy.

85-tysięczny tłum zebrany na Stadionie Śląskim mógł ocenić, kto w starciu dyrygentów dotkniętych palcem bożym okaże się lepszy – Kazimierz Deyna czy Johan Cruyff. Nikt nie podejrzewał, że będzie świadkiem najlepszego meczu w historii naszej reprezentacji, gromiącej wicemistrzów świata 4:1.

Kilka godzin wcześniej na tym samym boisku w finale mistrzostw kraju juniorów spotkała się Wisła Kraków z Wartą Poznań. Kiedy po spotkaniu młodzi gracze skryli się w podziemiach chorzowskiego giganta, żeby zaraz ustąpić miejsca bohaterom dnia, przechodzili obok szatni drużyny gości. Akurat uchyliły się drzwi, Nawałka zajrzał do środka. Dostrzegł przebierających się Holendrów, a jego wzrok zatrzymał się na jednym z nich. Cruyff wyjmował buty z torby. Juniorowi

Wisły trudno było uwierzyć w to, co zobaczył. Z brudnych korków odpadały zaschnięte grudy błota, rozsypując się po podłodze. Nie potrafił pojąć, że taki piłkarz może nie dbać o buty. Wciąż cenił umiejętności Cruyffa, ale jego zachwyt nad nim jakby się zmniejszył.

Dla niego to było nie do pomyślenia. Sam miał naturę pedanta, doceniającego szyk i wytworność. Stał się najbardziej eleganckim piłkarzem w polskiej lidze.

– Już w juniorach przywiązywał do tego wagę. Fryzura musiała być starannie ułożona, koszulka równo wciśnięta w spodenki, a na ręku opaska – charakteryzuje kolegę Leszek Lipka.

Do tego oliwkowa cera, którą pielęgnował, a kiedy tylko pozwalała pogoda, chętnie się opalał. To wszystko potęgowało wrażenie, jakby do polskiej ligi trafił prosto z Włoch, gdzie na boiskach spotykało się najwięcej modnisiów, wrażliwych na punkcie wyglądu i niechętnie rozstających się z lusterkiem.

Dla lansu zakładał przed meczami frotki na ręce. Przede wszystkim wyróżniały go jednak białe ozdoby na kolorowych getrach. Z tego powodu trudno go było nie zauważyć na boisku, prezentował się najefektowniej ze wszystkich. Pozazdrościli mu inni ligowcy i krótko po tym, jak po raz pierwszy pokazał się w nowej stylizacji, w kraju wzrosła sprzedaż białych skarpetek. Moda wprowadzona przez Nawałkę wynikała jednak z przypadku. Nikt nie wiedział, że białe wyróżniki nie są wcale skarpetami, tylko nakostnikami sprowadzonymi z Niemiec. Pomagały mu zabezpieczyć stawy skokowe, z którymi zaczynał mieć problemy. Utarło się jednak, że przystraja się dla efekciarstwa. Do dziś, kiedy zapyta się kibiców z lat 70. o Nawałkę, pierwsze skojarzenie, jakie podsuwa im pamięć, jest podobne: „Ten od białych skarpetek".

Trenerowi Aleksandrowi Brożyniakowi podobała się elegancja zawodnika i spoglądał na niego przychylniejszym okiem niż na innych.

– Masz tu sto złotych więcej – dorzucał mu do premii, które rozdzielał. Wiedział, że nie przehula tych pieniędzy, tylko wyda na nową koszulę czy kosmetyk.

Nawałka był kolorowym ptakiem na ulicach szarego Krakowa. Korzystał z tego, że jako piłkarz może wyjeżdżać na Zachód, przyglądał się ludziom spacerującym tam po ulicach, doceniał pomysłowość, z jaką się ubierali, i przywoził najmodniejsze spodnie czy skórzane kurtki, których nie można było dostać w kraju.

– Te, model z żurnala, co dziś założysz? Delon się znalazł – zaczepiali go starsi reprezentanci, porównując do francuskiego aktora i playboya, Alaina Delona. Oni w ciuchach z niechlujnie włożoną koszulą, a on zawsze wytworny i szykowny. I choć w ich komentarzach pobrzmiewała odrobina złośliwości, to tak naprawdę krył się za nią podziw dla stylu Nawałki. Nawet na śniadania czy obiady podczas zgrupowań schodził ubrany tak, jakby za pięć minut miała zacząć się sesja, w której pozuje jako model.

Spośród wiślaków wyjeżdżających na zagraniczne obozy czy turnieje wielu było takich, których nie pociągał obcy świat. Woleli zamknąć się w pokojach i grać w karty, bo w swoim towarzystwie czuli się najbezpieczniej. Nawałka po tym, jak w partyjce pokera z Andrzejem Iwanem stracił adapter, nie chciał już siadać do stołu z bardziej wprawionymi graczami. Jego ciągnęło w inne miejsca. Wychodził z hotelu, zwiedzał miasto, chłonął jego atmosferę, a przy okazji robił zakupy. Do pokoju wracał z siatkami wypełnionymi płytami i ciuchami.

– Adam, możemy iść z tobą? – słyszał od kolegów, tych niezainteresowanych grą w karty. Znali jego gust i wiedzieli, że jeżeli zechcą wrócić

Kiedy Adam Nawałka i Piotr Skrobowski razem weszli na Rynek w Krakowie, wiadomo było, na kim skupi się wzrok.

do kraju z nowym płaszczem czy z dzwonami, to Adam zawsze coś doradzi. W doborze strojów był najodważniejszy z nich, nie bał się eksperymentować. Kiedy inni zakładali klasyczne garnitury, on dokładał do tego gustowny szalik czy zakładał modną bransoletkę. Wpatrzony w niego był Piotr Skrobowski i starał się kopiować jego styl. Z wyprawy do Brazylii na mecz reprezentacji obaj przywieźli takie same koraliki. Później dumnie paradowali w nich po Krakowie.

Wpływ Nawałki na młodszego kolegę widać do dziś. Kiedy po raz pierwszy mam spotkać się z nim w krakowskim centrum handlowym, z tłumu kręcących się tam klientów, nie rozpoznając twarzy z oddali, wyławiam wzrokiem mężczyznę ubranego w luźne, młodzieżowe spodnie, buty z językami wywiniętymi na zewnątrz i wyrazistą marynarkę. W myślach powtarzam, że zapewne to były wiślak. Po kilku sekundach podchodzi, wyciąga rękę na powitanie: – Piotr Skrobowski jestem.

W artykule w tygodniku „Piłka Nożna" z 1977 roku Nawałka opowiada o sobie, że po maturze chce rozpocząć studia na Akademii Wychowania Fizycznego, za wzór sportowca uważa klubowego kolegę Henryka Maculewicza i jeździ zastawą. Po powrocie z mistrzostw świata zmienił auto na białą ładę. W środku miała białe obicia, koledzy nie potrafią jedynie doprecyzować, czy były z kozy, czy z owcy. Szpan nieprawdopodobny. Kiedy wjeżdżał na teren Wisły, już z daleka było słychać, że się zbliża. Na ostatnim odcinku przed szatniami gwałtownie przyspieszał, wiraż pokonywał bokiem, żeby wszyscy w klubie wiedzieli, że przyjechał Nawałka.

Być może właśnie brawura poniosła go podczas powrotu z Zakopanego. W wiosce Naprawa wpadł w poślizg i wjechał do rowu. Poobijany trafił do szpitala. W połowie lat 90. w Naprawie doszło do innego wypadku, dużo bardziej tragicznego w skutkach. Ucierpieli polscy szermierze, a jeden z nich, dwukrotny olimpijczyk Bogusław Zych, zginął.

Przystojny, dobrze zbudowany, szarmancki Nawałka podobał się kobietom. Szybko związał się z dwa lata młodszą Katarzyną Kotulińską, byłą koszykarką Wisły. Po ośmiu latach znajomości zostali małżeństwem. Jak tłumaczyli – musieli dojrzeć do tej decyzji. Nie mają dzieci.

Fragment artykułu z „Magazynu Sportowego" z 2001 roku:

„W latach 70. droga młodych piłkarzy Wisły z szatni na boisko treningowe prowadziła obok asfaltowego placyku, na którym ćwiczyły klubowe koszykarki. – Patrzyliśmy, która dziewczyna lepiej gra, a która jest lepiej zbudowana. Trochę pokpiwaliśmy sobie z nich, niektóre się obrażały – wspomina z uśmiechem Nawałka.

W oko wpadła mu Kaśka Kotulińska, ciągle uśmiechnięta, zgrabna, szesnastoletnia szatynka z warkoczykami, która znała się na żartach futbolistów.

– Mam poczucie humoru i nie zrażam się do ludzi, bo uważam, że z siebie też należy się śmiać. Już od pierwszego wejrzenia spodobało mi się w nim coś, czego nie da się nazwać. Adam może początkowo traktował naszą przyjaźń luźno, przekonywał się latami, ale ja od razu wiedziałam, że to jest to – wyjaśnia pani Nawałkowa.

– Katarzyna potrafi mnie zrozumieć, ma kojący wpływ, gdy jestem w stresie, nie dolewa oliwy do ognia, potrafi kontrolować nastroje – mówi Nawałka".

Świadkiem na ślubie był Andrzej Iwan, który towarzyszył im w pierwszych randkach. Selekcjoner zabierał jego i Krzysztofa Budkę do liceum, gdzie uczyła się panna Kotulińska. Po drodze wstępowali do baru mlecznego Żaczek na ulicy Czarnowiejskiej, gdzie Budka zamawiał nie dwie, lecz siedem porcji pierogów ruskich, bo tak mu smakowały. Potem szli do szkoły i wyczekiwali dzwonka. Na przerwie Nawałka spotykał się ze swoją dziewczyną, a Iwan z Budką kręcili się po korytarzu.

– A może tak zagramy? – zaczepili ich niewiele młodsi uczniowie.

– Ale kto?

– No my i wy, zmierzymy się.

Podjęli wyzwanie. Na boisku akurat trwał WF, lecz szybko ustąpiono miejsca, żeby rozegrać niezwykły mecz między nastolatkami a piłkarzami Wisły. Wieść o nim szybko rozniosła się po szkole, a nauczyciele mieli kłopot, żeby oderwać uczniów od okien, bo nie był to codzienny widok, że po szkolnym boisku biegają piłkarze podziwiani przez cały Kraków. Wyniku nikt nie pamięta, ale nie on był w tym wszystkim najważniejszy.

Po udanych dla Nawałki mistrzostwach świata w 1978 roku sława, którą wcześniej ledwie liznął, z impetem wdarła się do jego życia. W Argentynie jeszcze nie zdawał sobie sprawy z popularności, jaką zdobył w Polsce i z którą będzie musiał zmierzyć się po powrocie. Do siedziby Wisły napływały listy z całej Polski adresowane do Nawałki. Kibice chcieli poznać jego dalsze plany, pytali o zainteresowania („Dobra książka i pop-music" – zdradził na łamach „Przeglądu Sportowego"), ci młodsi deklarowali, że chcieliby grać tak jak on. Wszystkie listy czytał, brakowało jedynie czasu na odpowiedzi.

W kolorowych gazetach zaczęły ukazywać się fotoreportaże z Nawałką i jego narzeczoną.

– Wielu było wpatrzonych w niego jak w obrazek, wzorowało się na nim. Stał się może nie celebrytą, bo z dwoma programami telewizyjnymi i kilkoma tytułami w prasie było o to trudno, ale szybko zyskującym sławę dwudziestolatkiem – opisuje Janusz Basałaj, współpracujący z selekcjonerem w PZPN.

Coraz głośniej plotkowano o jego romansie z Grażyną Loską, dziś Torbicką, córką wiceprezesa PZPN. Henryk Loska przyjeżdżał z nią na zgrupowania reprezentacji.

– Chciał ją zeswatać z Adamem. Ale on już chodził z Kaśką i był w niej zakochany – ucina temat Iwan.

Nawałka przedstawiał jeszcze inną wersję. – To, że Loska chciał mnie ożenić z Grażyną, jest jedynie plotką. Łączyła mnie z nią przyjaźń i niejednokrotnie spotykaliśmy się na kawie.

Oprócz tego, że chciał dobrze wyglądać i jeździł szybkimi samochodami, przykładał wagę do tego, jak się prowadzić. Nazywano go pierwszym profesjonalistą w naszej piłce. W polskim futbolu lat 70. i 80., w którym można było udusić się od papierosowego dymu i przerazić ilością wypijanego alkoholu, zdecydowanie wyróżniał się świadomością.

Sam papierosów nie dotykał, co wtedy nie było dla piłkarza takie oczywiste. Abstynentem nie był, w Wiśle ktoś taki naraziłby się na ostracyzm, ale mimo wszystko odróżniał się od kolegów, którzy nie zwykli oszczędzać wątroby, i generalnie wystrzegał się alkoholu.

Na zgrupowaniu reprezentacji prowadzonej przez Jacka Gmocha po kolacji podawano piwo, za którym nie przepadał.

– Nie pijesz? – jego niechęć szybko zauważyli Grzegorz Lato z Andrzejem Szarmachem.

– No nie.

– To tym lepiej.

Od tamtej pory starali się siadać z nim przy jednym stoliku. Wiedzieli, że mogą liczyć na dodatkowe piwo.

O tym, co dziś jest normalne dla zawodowych graczy – diecie, regeneracji, szczegółach związanych z funkcjonowaniem organizmu czy właściwym przygotowaniu do wysiłku – w Polsce jako pierwszy myślał Nawałka. Oczywiście często poruszał się po omacku, nie miał takiej wiedzy, jaką posiadają współcześni zawodnicy, podobnie jak i możliwości. Odnowa biologiczna w Wiśle ograniczała się do tego, że po meczach piłkarze wskakiwali do basenu (tego samego, w którym przed Bożym Narodzeniem pływało 30 kilogramów karpi), masażysta wsypywał sól bocheńską i mieli w niej się moczyć tyle, ile wytrzymają.

Nawałka zwracał uwagę na odżywianie, jadł dużo zieleniny. Po treningach zgarniał Piotra Skrobowskiego do swojej narzeczonej, która przygotowywała dla nich sałatkę. Namówił go też na urozmaicenie treningów i poświęcenie się zajęciom ogólnorozwojowym. Ćwiczyli indywidualnie z gimnastykami lub z Jerzym Spisakiem, klubowym masażystą, rehabilitantem i trenerem przygotowania fizycznego w jednym, niezwykle wymagającym i twardo obchodzącym się z zawodnikami.

– Co to znaczy, że nie masz siły? Zapierdalaj! – kopniakiem pobudzał każdego, kto w trakcie wyczerpującego biegu zatrzymał się choć na moment.

Zaglądali też na treningi judoków Wisły, gdzie reprezentant kraju Wojciech Dworczyński wraz z innymi zawodnikami rzucali nimi jak workami.

Przyszły selekcjoner podczas treningu Wisły Kraków.

Ciągle poszukiwał rozwiązań, które pomogą mu się rozwijać. Podporządkował życie piłce, od dawna szalał na jej punkcie, a szybki debiut w Wiśle oraz kolejne pojawiające się szanse powodowały, że uczucie jeszcze się pogłębiło i nie chciał niczego zaniedbać. Póki był zdrowy, inicjował dodatkowe treningi.

– Co robisz? – dzwonił do Skrobowskiego.

– Nic szczególnego, nudzę się.

– To wpadnij do mnie, pobiegamy.

I szli pobiegać wzdłuż Rudawy. Skrobowski liczył mosty, które mijali, dzięki czemu łatwiej było mu określić, czy tego dnia przebiegli trzy kilometry, czy pięć.

W szatni Wisły koledzy najpierw patrzyli na przyzwyczajenia Nawałki z zaskoczeniem, ale potem stało się to dla nich normalne i przestało dziwić, że po treningach sypie puder na stopy, by uniknąć grzybicy. Uważał, że skoro zarabia nogami, to powinien o nie dbać, choć już wizyty w salonie kosmetycznym na pedicure starał się ukrywać. Wiedział, jak zostaną przyjęte przez pozostałych. Na jego nieszczęście dowiedzieli się o nich Andrzej Iwan z Krzysztofem Budką i nie zamierzali zatrzymać tej wiedzy dla siebie.

– „Ciepły", no to co dziś mamy, manicure czy pedicure? – przez kilka dni musiał znosić szyderę w szatni.

Przed wyjazdem na obóz do Bukowna wciągnął Skrobowskiego i Henryka Szymanowskiego w kolejny oryginalny pomysł i we trzech przytaszczyli na zbiórkę dwa wielkie worki.

– Co tam niesiecie? – zaczepił ich zaciekawiony trener Lucjan Franczak.

– A nic takiego – zbagatelizowali pytanie i zaczęli pakować worki do bagażnika autokaru.

Dźwigali 30 kilogramów pomarańczy, marchwi i jabłek. Wszystko załatwił Nawałka, którego teść jako dyrektor przedsiębiorstwa miał nieograniczony dostęp do warzyw i owoców, nawet tych najtrudniejszych do zdobycia. No bo kto w głębokim PRL słyszał o pomarańczach sprzedawanych na kilogramy? Skrobowski zabrał z domu sokowirówkę, a Szymanowski zaoferował pomoc. W klubie nikt nie myślał o witaminach dla zawodników, więc zadbali o to sami i ustalili, że będą robić sok.

Dzięki temu zabijali też monotonię na obozie, bo czas zabierało im obieranie jabłek i pomarańczy oraz skrobanie marchewek. Koledzy na początku z nich chichrali, ale w końcu zaczęli coraz częściej zaglądać do ich pokoju. Ci, którzy wcześniej nie śmiali się zbyt donośnie i zachowali komentarze dla siebie, dostawali po szklance soku.

Sami pili więcej, po każdym treningu wlewali w siebie po litrze smacznego napoju, a czasem w ciągu dnia wychodziło nawet i trzy litry. Nawałka miał już ciemną karnację i nie było po nim widać szczególnych efektów działania beta-karotenu, za to jego nadmiar zaszkodził Skrobowskiemu. Zrobił się żółty, a Wisła akurat rozgrywała sparing. Na jego widok sędzia Aleksander Suchanek też zmienił kolor, spurpurowiał i przerażony przerwał mecz.

– On ma chyba żółtaczkę, trzeba go wieźć do szpitala! Żeby tylko nie zszedł na boisku! – pędził w kierunku Franczaka.

Jeszcze bardziej zaniepokoił się lekarz Wisły Jerzy Jasieński, który obawiał się wybuchu epidemii żółtaczki w zespole. Nikt jednak do szpitala nie trafił, bo zaraz wyjaśniło się, skąd taki kolor skóry Skrobowskiego. Doktor zalecił piłkarzom pić co najwyżej szklankę dziennie marchwiowego przysmaku.

Kiedy niedawno piłkarze tamtej Wisły spotkali się we własnym gronie i wspominali najlepsze lata spędzone w klubie, zastanawiali się też, na czym polegał profesjonalizm Nawałki. Wspólnie doszli do wniosku, że jemu nigdzie się nie spieszyło. Zostawał w klubie najdłużej, zawsze znalazł czas, by zajrzeć do siłowni lub na zajęcia innych sekcji, a na koniec szedł jeszcze do masażystów, bo chciał jak najszybciej się zregenerować.

Innym wiecznie tego czasu brakowało. Po treningu, kiedy w grupie zdejmowali siatki z bramek, jeden z najbardziej doświadczonych wiślaków zbiegał już do szatni. Mijali się z nim po kilku chwilach, bo kiedy dochodzili do budynku, on machał im na pożegnanie z samochodu. Nawałka zachowywał się inaczej. Właśnie jak piłkarz, któremu nigdzie się nie spieszy.

ROZDZIAŁ VII

Mistrzostwo

Gra Wisły, mimo obecności w składzie wielu reprezentantów, była niestabilna. To nie pozwalało jej zrobić kolejnego kroku i spojrzeć na innych z góry. Przypominała aktora, który jednego wieczora potrafi na deskach teatru oczarować publiczność i zebrać owacje na stojąco, żeby nazajutrz zapomnieć tekst i spektakularnie sknocić spektakl. W sezonie 1976/77 Wisła umiała zachwycić w Pucharze UEFA i na oczach 45 tysięcy kibiców (rekord frekwencji na jej stadionie) wyrzucić z rozgrywek Celtic Glasgow z Kennym Dalglishem w ataku, ale też polec 0:5 z GKS Tychy lub nie wygrywać w lidze przez pięć kolejek.

Zespół twardą ręką trzymał Aleksander Brożyniak, który zdawał sobie sprawę, że jeśli popuści lejce, zawodnicy ochoczo rozpierzchną się po Krakowie i trudno mu będzie nad nimi zapanować. W ostatecznym rozrachunku okazało się, że trzyma je zbyt mocno, a piłkarzom brakuje oddechu. Wisła kończyła sezon na dziesiątym miejscu, a w klubie rozpoczęły się poszukiwania jego następcy.

W prasie wymieniano kilka topowych, jak na tamte czasy, nazwisk trenerów, ale prezes Zbigniew Jabłoński nie mógł się z żadnym z nich porozumieć. Od dwóch lat w Wiśle jako asystent Brożyniaka pracował za to 34-letni Orest Lenczyk. To o nim pomyślał Jabłoński, dając sobie zarazem czas na znalezienie trenera z odpowiednim doświadczeniem. Zarządził zebranie, na które zaprosił wszystkich szkoleniowców pracujących w Wiśle – z pierwszą drużyną, rezerwami i juniorami – jak również koordynatorów. Chciał jeszcze poznać ich zdanie, nim na zakończenie oświadczył, że trenerem zostaje Lenczyk.

Po ogłoszeniu tej nowiny wyjechał na wczasy do ZSRR, a nowy opiekun zabrał piłkarzy na obóz do Koszalina. Doskonale czuł, że prezes traktuje go jako tymczasowe rozwiązanie, ale miał poważniejsze pożary do ugaszenia. O ile wiślacka młodzież akceptowała przejęcie przez niego władzy, o tyle starsi piłkarze mieli wątpliwości. Nie miał zbyt dużego doświadczenia w samodzielnej pracy jako trener, wcześniej głównie asystował (m.in. byłemu napastnikowi złotej węgierskiej jedenastki Nandorowi Hidegkutiemu w ekstraklasowej Stali Rzeszów), więc medaliści mistrzostw świata czy igrzysk olimpijskich patrzyli na niego jak na zagadkę. Lenczyk, który przez dwa lata przyglądał się życiu tej drużyny od wewnątrz, a znany był jako zagorzały wróg alkoholu, też miał swoje przemyślenia i zapowiedział zmiany, które nie wszystkim mogły przypaść do gustu.

Wątpliwości wzrosły po kolejnym obozie, już w Bułgarii, podczas którego Wisła głównie przegrywała. W Krakowie z coraz większym niepokojem oczekiwano startu ligi, jak również wyglądano powrotu Jabłońskiego, żeby z bliska przyjrzał się temu, co dzieje się w drużynie.

Obawy wkrótce odeszły w zapomnienie. Wisła wygrała pięć pierwszych meczów, a po zwycięstwie z Zawiszą Bydgoszcz z dalekiego Krymu przyszedł telegram do Lenczyka. Z ciężkim sercem zabierał się do jego czytania, ale były tam zaledwie dwa słowa: „Gratuluję wyników".

Skromna treść o wartości dla niego ogromnej. Wiedział, że zdobył zaufanie przełożonego i poszukiwania nowego trenera właśnie zostały zakończone.

Pułkownik Jabłoński rządził Wisłą od 1974 roku jako ósmy prezes z milicyjnego nadania. Był z nich najlepszy. W Krakowie otwierano przed nim każde drzwi, oprócz tego, że szefował klubowi, był też komendantem wojewódzkim MO.

W Wiśle nie tylko piłkarze walczyli pod jego kierownictwem o tytuły, ale też koszykarki, koszykarze czy siatkarki. Oczkiem w głowie prezesa byli jednak ci pierwsi i to oni mogli liczyć na jego względy. Głównie do nich trafiały upragnione talony na samochody, a reszta sportowców z Wisły mogła tylko podziwiać auta, jakimi zajeżdżali na klubowy parking. I choć jej koszykarze, Wawelskie Smoki, za rządów Jabłońskiego dwukrotnie świętowali mistrzostwo, to samochody zmieniali rzadko.

Piłkarze byli też wdzięczni prezesowi, że chronił ich, gdy wymagała tego sytuacja, a ponieważ tworzyli żądną wrażeń drużynę, to bezustannie ktoś potrzebował jego pomocy. Jabłoński nie odmawiał i pomagał wyciszyć wybryki. Poza tym stawał na głowie, żeby wiślacy jak najmniej odczuwali różnice w zarobkach w stosunku do piłkarzy innych klubów. Milicyjna Wisła nie była w stanie rywalizować pod względem finansów z dominującymi w latach 70. klubami ze Śląska, wspieranymi przez kopalnie (Górnik Zabrze) czy hutę (Ruch), albo z nową siłą w polskiej piłce – Stalą Mielec, której graczy opłacał zakład lotniczy. Od 1971 do 1979 roku, z wyjątkiem sezonów wygrywanych

Orest Lenczyk (z prawej) zaraz będzie się cieszył z wywalczenia z wiślakami mistrzostwa Polski. Adam Nawałka był filarem jego zespołu.

OWY
Z N O

przez Śląsk Wrocław i Wisłę, tylko te kluby rozstrzygały między sobą losy mistrzowskiego tytułu.

Krakowianie spotykali się z zawodnikami Stali lub Górnika na zgrupowaniach reprezentacji i z zazdrością słuchali opowieści o krainach mlekiem i miodem płynących.

– Panie pułkowniku, ale oni tam dużo zarabiają – po powrocie do klubu szli prosto do gabinetu Jabłońskiego i narzekali na swoją sytuację. Prezes wysłuchał zatroskanych zawodników, a potem przerzucał środki z pionu gwardyjskiego do klubu, żeby jakoś ich zadowolić. Nie chciał, żeby przy innych czuli się jak ubodzy krewni.

Adam Nawałka był jednym z liderów tego zespołu, biorąc pod uwagę nie tylko umiejętności piłkarskie, ale też mentalne. Pobudzał kolegów, pilnował, żeby na boisku nie wkradło się rozprężenie. W meczu się nie zatrzymywał i nie pozwalał na to innym. Kto chciał odpocząć, zaraz słyszał: „Dawaj! Walka, musimy". Czuli się z nim bezpiecznie, bo wiedzieli, że nawet jeśli oszuka ich przeciwnik, to zaraz zjawi się przy nim Nawałka i skasuje akcję.

– Zawodnicy korzystali na jego obecności. Jeśli ktoś taktycznie nawalał, Adam tam był i ratował sytuację – opisuje Lenczyk.

Docenili to dziennikarze „Piłki Nożnej", uznając go za odkrycie 1977 roku. Był już po debiucie w reprezentacji u Jacka Gmocha. Od początku sezonu fala porwała Nawałkę i jego kolegów, wyniosła na wysokość kilku metrów i teraz musieli się na niej utrzymać. Kiedy selekcjoner ogłaszał w 1978 roku szeroką kadrę przed mistrzostwami świata w Argentynie, znalazło się w niej ośmiu wiślaków – oprócz Nawałki byli też Antoni Szymanowski, Henryk Maculewicz, Krzysztof Budka, Zbigniew Płaszewski, Zdzisław Kapka, Andrzej Iwan i Kazimierz Kapka.

Pierwszy mecz przegrali dopiero w dziewiętnastej kolejce, na pożegnanie jesieni – z Legią w Warszawie (0:2), ale mimo porażki kończyli to półrocze w znakomitych nastrojach. W nagrodę za dobre wyniki prosto ze stolicy polecieli na tydzień do USA, żeby spotkać się z Polonią i rozegrać trzy sparingi z amatorami. Już na miejscu okazało się, że mało kogo z zawodników interesuje gra, a wolą skupić się na bankietach. Wkładali w nie zdecydowanie więcej wysiłku niż w mecze.

W trakcie rundy do drużyny dołączył Adam Musiał, który wcześniej szukał zatrudnienia na Wyspach Brytyjskich i z powodu testów w tamtejszych klubach ominęły go pierwsze mecze Wisły. W sumie jesienią 1977 roku wystąpił w dwóch ligowych spotkaniach, bo i szybko się okazało, że nie jest mu po drodze z Lenczykiem. Między nimi iskrzyło od początku, kwestią czasu pozostawało, kiedy dojdzie do wybuchu. Ten nastąpił w USA.

Przed wyjazdem pułkownicy rządzący Wisłą robili wszystko, żeby grupa piłkarzy była jak najmniejsza, co pozwoliłoby wysłać na atrakcyjną wyprawę większą liczbę oficjeli już nie tylko z Krakowa, ale też z centrali w Warszawie.

W klubie zmieniały się listy na wyjazd, kombinowano, jak zmieścić wszystkich chętnych w niebieskich mundurach, a prezesi zastanawiali się nad zasadnością wysłania Musiała. Zapytali Lenczyka, czy nie obawia się zabierać piłkarza, którego zamiłowanie do zabawy dobrze znał, wprost w ramiona amerykańskiej Polonii.

– Musiał jedzie z nami – zakomunikował trener, który jako lider ekstraklasy czuł się mocny.

Pobyt wiślaków za oceanem szybko wymknął się ich opiekunom spod kontroli, bo rodacy nadzwyczaj szczodrze przyjęli przybyszów

Mecz z Arką z końca sezonu 1977/78. Po nim piłkarze Wisły mogli fetować – byli najlepsi w Polsce.

z ojczyzny. Najwięcej wyrazów wdzięczności odbierał właśnie Musiał, którego polonusi pamiętali z udanych mistrzostw świata w 1974 roku. Któregoś poranka zawodnik nie pojawił się na śniadaniu. W kontekście całego tamtego wyjazdu nie było to nic szczególnego, bo wiślacy na przemian gubili się i znajdowali, ale komuś zależało, żeby na niesubordynacji przyłapać właśnie Musiała.

Orest Lenczyk: – W hotelu zawołali mnie pułkownicy, mówią: „Niech pan coś zobaczy". Wjechaliśmy na piętro, gdzie mieszkał Musiał. Weszliśmy do pokoju, leżał kompletnie spity w ubraniu. Zwrócili się do mnie z wyrzutem: „Zapewniał pan, że go przypilnuje". Zjechaliśmy na śniadanie, tam zakomunikowali, że nie mam już Musiała w zespole.

Zaczęły się przygotowania do rundy rewanżowej, a doświadczony obrońca nadal trenował z zespołem. Dopiero kiedy ogłoszono listę piłkarzy wyjeżdżających na pierwszy obóz, zabrakło na niej jego nazwiska. W drużynie zawrzało. Musiał był bardzo lubiany przez pozostałych graczy, występował w Wiśle od dziesięciu lat i miał należną do stażu pozycję. Jeszcze tego samego dnia czterech wiślaków stawiło się u Lenczyka.

– Chcemy, żeby przywrócił pan Musiała.

– To nie moja decyzja.

– A czyja?

– Działaczy.

Zawodnicy mu nie uwierzyli. W końcu Lenczyk poprosił, żeby sprowadzić kierownika sekcji piłki nożnej w Wiśle, Bronisława Michaliszyna.

Obaj w towarzystwie piłkarzy przerzucali się odpowiedzialnością za odsunięcie Musiała, ale niewiele to pomogło w jego sprawie. Zasłużony wiślak został zmuszony do odejścia, wybrał Arkę Gdynia prowadzoną przez Jerzego Steckiwa. Obaj znali się z wcześniejszej pracy w Krakowie. Przy podpisywaniu umowy z Arką poprosił o jedno:

– Chcę mieć zapis, że nie muszę grać przeciwko Wiśle na jej stadionie – zaskoczył prezesów Musiał. Nie chciał pokazywać się przy Reymonta w koszulce innego klubu.

Zapytałem Lenczyka, czy nawet jeśli nie decydował o ukaraniu tego piłkarza za zachowanie w USA, to zgadzał się z tą decyzją. Najpierw obruszył się, że to pytanie jest nie na miejscu, żeby po chwili odpowiedzieć: – Jak mogłem mieć inne zdanie? Ja nie piję, nie palę. Zawsze powtarzałem, że piłkarz, który pije, u mnie nie gra.

Wiosną, z uwagi na zbliżające się mistrzostwa świata w Argentynie, w ekstraklasie rozgrywano tylko jedenaście kolejek. Po udanej jesieni Wisła wyhamowała, ale na dwie kolejki przed końcem karty wciąż pozostawały w rękach jej piłkarzy. Prowadzili z dwoma punktami przewagi nad Lechem i trzema nad Śląskiem. Został im wyjazdowy mecz z rozpaczliwie broniącym się przed spadkiem Ruchem i u siebie z grającą o nic Arką.

W lidze nie było tajemnicą, że chorzowianie nie żałują pieniędzy i chwytają się wszystkich możliwych sposobów, żeby zostać w ekstraklasie.

– Nie róbcie żadnych szwindli – Jabłoński prosił wiślaków do drugiej w nocy dzień przed meczem, kiedy odwiedził ich na zgrupowaniu. Oni mieli już jednak swój plan na ten mecz.

Spotkanie, którym w zasadzie mogli przystemplować pierwsze po wielu latach mistrzostwo Polski dla klubu, sprzedali. Oba gole stracili w końcówce. Kiedy Jabłoński zobaczył, w jakich okolicznościach Ruch zdobywa pierwszą bramkę, wyszedł ze stadionu i wrócił do Krakowa.

Na pozór niezrozumiały ruch piłkarzy Wisły – bo przecież świetnie wyczuwali, jak wielkie jest pragnienie tytułu wśród ich kibiców – nabiera sensu, kiedy okazuje się, że z kolei oni kupili ostatni mecz z Arką. Dzięki temu po porażce w Chorzowie i mimo zwycięstw bezpośrednich rywali mogli czuć się bezpieczni.

W obu nieczystych meczach Nawałka grał po 90 minut. Andrzej Iwan zarzeka się, że jako młodzi nie byli wtajemniczeni w plany starszych piłkarzy i przed spotkaniem nie wiedzieli, że mecz z Ruchem jest sprzedany. Pieniądze trafiły jednak do wszystkich.

Gdy spojrzeć na ligę z tamtych lat, finisze i mistrzów w nich wyłanianych, można mieć przekonanie graniczące z pewnością, że nie było wtedy uczciwego mistrza. Podobnie zresztą jak w latach 80. i 90. W każdym sezonie dochodziło do machlojek, a swoje cele osiągali ci, którzy nie tylko potrafili grać na boisku, ale też przygotowali najzasobniejsze walizki z banknotami.

Wisła odzyskała mistrzostwo po 28 latach, piłkarze hucznie świętowali tytuł na Rynku z kibicami, ale niesmak, przynajmniej dla niektórych, pozostał.

ROZDZIAŁ VIII

Gmoch

Oskarżenie samo w sobie było absurdalne. Kazimierz Deyna miał ukraść obraz z hotelu. Reprezentacja Polski szykowała się w Budapeszcie do towarzyskiego meczu z gospodarzami, kiedy jej kapitana obwiniono o kradzież. Najszybciej wstawił się z nim 19-letni Adam Nawałka, nowicjusz w kadrze, dla którego był to pierwszy wyjazd w biało-czerwonym dresie. Doskoczył do Michała Listkiewicza, tłumacza polskiej ekipy, żeby wyjaśnić sprawę. – To skandal, potwarz! – unosił się przy recepcji.

Nie wiadomo, na ile rzeczywiście obruszyło go to oskarżenie, a na ile chciał się przypodobać starszym zawodnikom, ale swój cel osiągnął. Nieporozumienie szybko się wyjaśniło, a czerwoni ze wstydu pracownicy hotelu przepraszali Deynę i tłumaczyli, że obraz zniknął z pokoju 308, a nie 208, w którym mieszkał nasz kapitan. W pamięci legionisty i pozostałych piłkarzy utrwaliło się jednak, kto najbardziej zawzięcie go bronił. Nawałka witał się z reprezentacją.

Był 13 kwietnia 1977 roku. Do przerwy Polacy przegrywali z gospodarzami 0:1.

– Rozgrzewaj się – rzucił Jacek Gmoch w kierunku siedzącego na ławce Nawałki. Za kilkanaście minut rozpocznie się jego przygoda z reprezentacją, która potrwa zaledwie trzy lata. Najpierw wyniesie go niemal na szczyt, a później da poczucie niespełnienia. Wielkiego niespełnienia.

Na Népstadionie zastąpił po przerwie żegnającego się z kadrą Jerzego Wyrobka. Dwie minuty później przejął przed polem karnym Węgrów odbitą piłkę, poprawił ją sobie dwa razy i uderzył. Jego pierwszy i jedyny gol dla reprezentacji był zwyczajny. Piłka minęła bramkarza, odbiła się od słupka i wpadła. Pierwszym, który popędził z gratulacjami do szczęśliwego debiutanta, był Deyna. Biało-czerwoni przegrali wtedy 1:2.

Gmoch nie był zadowolony z rozpoczętej kilka miesięcy wcześniej przebudowy drużyny. Na początku pracy w nowej roli dostrzegł, że zespół medalistów olimpijskich (1972) i uczestników mistrzostw świata (1974) staje się nasycony i potrzebuje zmian. Zrezygnował z Jana Tomaszewskiego, Antoniego Szymanowskiego czy Jerzego Gorgonia i choć w obliczu najważniejszej próby do nich wrócił, to znalazł też miejsce dla nowych piłkarzy – w debiucie jako selekcjoner postawił na Stanisława Terleckiego, w którym pokładał wielkie nadzieje, podobnie jak w Zbigniewie Bońku, a na kolejnego przedstawiciela młodego pokolenia w kadrze upatrzył sobie pomocnika Wisły.

Najpierw zabrał go na nieoficjalne spotkanie reprezentacji z drugą drużyną Rumunii. Nawałka zdobył w nim bramkę.

– Podobała mi się jego dojrzałość, był bez nałogów, skoncentrowany na piłce. Miałem niewiele obaw – Gmoch tłumaczy, czym ujął go młody piłkarz.

Trzynaście miesięcy przed Nawałką w kadrze zadebiutował starszy o ponad rok Boniek. Pomocnik Widzewa w przeciwieństwie do niego nie przypadł do gustu starszym piłkarzom. Być może czuli zagrożenie z jego strony, a być może to on za szybko chciał zburzyć hierarchię obowiązującą w reprezentacji. – Czupurny, zaczepny, miał swoje zdanie, z którym najczęściej tylko on się zgadzał. Odbicie Zbyszka z boiska, jego zadziorności i gry bez kompleksów. Adam był przeciwieństwem. Idealnie wpasował się do grupy, nie był kłótliwy, na boisku wiedział, czego od niego wymagamy – Jan Tomaszewski opisuje początki w reprezentacji obecnego selekcjonera i prezesa PZPN.

Gmoch stał się kolejnym trenerem, po Lucjanie Franczaku, który wywarł wpływ na postrzeganie futbolu przez Nawałkę. Lubił przyjeżdżać na zgrupowania do tego selekcjonera, podobało mu się, że poszukiwał nowych rozwiązań, a do pomocy zaprzągł naukę. Jego pracę nazywał „niespokojnie twórczą". W przyszłości jako trener będzie zachowywać się podobnie – ciągle poszukiwać, ulepszać, zastanawiać się i nie być opornym wobec nowego.

Taki był też Gmoch, on jako zawodnik podpatrywał szkoleniowca Legii Jaroslava Vejvodę, który przywiózł do Polski najnowocześniejsze wzory z zagranicy, oraz selekcjonera Ryszarda Koncewicza zafascynowanego szkołą niemiecką.

Gmoch był absolwentem Politechniki Warszawskiej, byłym zawodnikiem Legii i 29-krotnym reprezentantem Polski, którego karierę zakończyło skomplikowane złamanie nogi. Nie miał wielkiego talentu, choć... Choć może lepiej tak o nim nie pisać? Już kiedyś, przed mistrzostwami świata w Argentynie, scharakteryzował go tak Mieczysław Szymkowiak w specjalnie wydanym informatorze. Przewrażliwiony na swoim punkcie Gmoch wpadł w furię, nakazał wstrzymanie druku. Odniósł połowiczny sukces. Było już za późno, informator się ukazał, jednak przy opisie selekcjonera w miejscu, gdzie dziennikarz pisał o nim, że „nie był wielkim talentem", pojawiła się pusta linijka.

Dyskusje o skali talentu Gmocha zostawmy na boku, na pewno jednak był w polskim futbolu innowatorem. Opracowując na początku lat 70. plan zmian w naszej piłce, który później starał się przekazać najważniejszej w kraju osobie – Edwardowi Gierkowi, korzystał z pomocy ekonomisty Stanisława Więckowskiego, absolwenta SGPiS oraz matematyka Wojciecha Skoczka. U tego drugiego zamawiał też analizy, w których obliczano czas posiadania piłki przez każdego z piłkarzy. W tamtych czasach mało kto się tym interesował.

Jako pierwszy selekcjoner włączył do sztabu psychologa. Barbara Gosieniecka przygotowała dla niego profil psychologiczny reprezentantów. W czasie meczów wysyłał swojego asystenta Bernarda Blauta na trybuny. Ten wspinał się na najwyższe rzędy i przez walkie-talkie przekazywał na ławkę spostrzeżenia dotyczące gry widzianej z innej perspektywy niż z wysokości boiska.

Pęd za nowoczesnością spowodował, że ze Stanów Zjednoczonych Gmoch sprowadził specjalną maszynę do badania siły dynamicznej zawodników. Z takiej samej korzystały zawodowe zespoły futbolu amerykańskiego.

Wcześniej odpowiadał za pierwszy w Polsce bank informacji. Zbierał dane o rywalach, analizował, szukał słabych punktów. Zaczynał w Legii u Edmunda Zientary i zajmował się rozpracowaniem Saint-Étienne czy Feyenoordu Rotterdam w najlepszym sezonie warszawskiego klubu w europejskich pucharach, zakończonym półfinałem Pucharu Europy.

Jacek Gmoch wśród kadrowiczów podczas mistrzostw świata 1978.

Interesował się socjotechniką, aranżował zewnętrzne zagrożenia, żeby jeszcze bardziej skonsolidować zawodników. Kiedy w 1977 roku Polacy polecieli do Portugalii na pierwszy eliminacyjny mecz mistrzostw świata, w Porto przywitała ich deszczowa pogoda. Padało od kilku dni, boisko rozmiękło, a selekcjoner Portugalczyków Pedroto zabronił na nie wchodzić. Gmoch o tym wiedział, ale mimo to zawiózł drużynę na stadion.

– Patrzcie, jak nas traktują! Puścimy im to jutro płazem?! – pytał piłkarzy pod bramą, kiedy gospodarz obiektu rozkładał ręce zza krat.

Nie puścili. Polska wygrała po trudnym meczu 2:0.

W reprezentacji Gmoch pojawił się już jesienią 1971 roku, dołączając do sztabu Kazimierza Górskiego. Na początku ich współpraca układała się idealnie – spotykali się nocą w mieszkaniu selekcjonera, siadali w kuchni i dyskutowali o taktyce, systemie gry, selekcji. Górski trzymał w ryzach innowacyjne zapędy Gmocha, a ten przełamywał kolejne bariery w podejściu przełożonego.

Selekcjoner ze Lwowa miał swoje przyzwyczajenia. Zamiast wrzucać futbolowe obliczenia do komputera i czekać, co wypluje maszyna, wolał zapisywać wszystko na serwetkach. Do wszelkich unowocześnień w futbolu podchodził sceptycznie, za to umiał słuchać i wyciągać wnioski – pomysły Gmocha, jak też drugiego asystenta Andrzeja Strejlaua, przepuszczał przez głowę i te, które uznał za najcenniejsze, wcielał w życie.

Gmoch zagłębił się w analizach, uważał, że tam znajduje się klucz do zwycięstw. Kiedy w Centralnym Ośrodku Sportu pojawił się pierwszy magnetowid, asystent Górskiego był tam częstym gościem. Godzinami oglądał i przewijał kasety wideo z meczami przeciwników. Przed mistrzostwami świata w 1974 roku PZPN podpisał umowę z Grundigiem, a do sztabu kadry trafił profesjonalny sprzęt wideo. Ucieszyło to przede wszystkim Gmocha. W Sonne Post w Murrhardt, gdzie w trakcie turnieju mieszkali Polacy, gospodyni hotelu, pani Bofingerowa, przygotowywała mu kanapki i herbatę, a on do czwartej w nocy analizował mecze. Taki ktoś był potrzebny Górskiemu.

Ich drogi rozeszły się po udanych mistrzostwach świata w 1974 roku. Może u Gmocha odezwała się zazdrość, bo na Górskiego zewsząd posypały się pochwały, a może miał już dość pracy w cieniu i dlatego zrezygnował z zajmowanej funkcji. Wyjechał do USA, gdzie miał pomagać w tworzeniu w lidze NASL polskiego zespołu Philadelphia Eagles, ale też pracował fizycznie – najpierw w piekarni, później jako pomocnik hydraulika oraz na uczelni w punkcie ksero. W przyszłości podobną drogę pokona Nawałka – od zwykłej pracy za oceanem do funkcji selekcjonera.

Gmoch wrócił do kraju w 1976 roku. Wicemistrzostwo olimpijskie Górskiego na igrzyskach w Montrealu uznano za porażkę i bez żalu rozstano się z trenerem, który przywoził medale z trzech ostatnich wielkich imprez.

Zbigniew Boniek do dziś lubi przekomarzać się z Nawałką.

– W piłkę to grałem ja, a ty biegałeś od pola karnego do pola karnego – zaczepia selekcjonera.

Nawałka rzeczywiście biegał najwięcej ze wszystkich, a w reprezentacji został specjalistą od brudnej roboty, czarnym charakterem, który w środku pola miał dbać o komfort bardziej kreatywnych zawodników. Rozgrywanie zostawiał, czemu trudno się dziwić, Kazimierzowi Deynie.

Gmoch nazywa go prekursorem dzisiejszego defensywnego pomocnika.

– Nie prowadzono statystyk w odbiorach, ale gdyby takie się pojawiły, Adam byłby w światowej czołówce. Wcześniej w kadrze podobnie „czyścił" Zygmunt Maszczyk. Nawałka był od niego wyższy, lepiej grał głową. Miał długie nogi, ale nie tyczkowate, nisko na nich stał i nie pozwalał przedostać się rywalom. To, do czego można się przyczepić, to brak mocnego uderzenia. Może z tego powodu tak rzadko strzelał zza pola karnego. Brakowało mi też jego podań na kilkadziesiąt metrów – były selekcjoner przedstawia go jako piłkarza.

Boniek dodaje, że w reprezentacji był jasny podział.

– Adam w obronie i w ataku miał pracować po 50 procent, ale już u mnie proporcje były inne: 65 procent w ofensywie i 35 procent w defensywie. Lubiłem z nim grać, bo dobrze się ustawiał i dawał możliwości rozegrania. Mogło to wynikać z jego świetnego przygotowania fizycznego, miał niespożyte siły do biegania – uzupełnia prezes PZPN.

Nawałka z wyglądu przypominał raczej studenta pierwszego roku polonistyki, któremu brakuje tylko okularów i teczki pod pachą, a nie rzezimieszka, w którego przeistaczał się podczas meczów. Niewinna aparycja mogła być myląca, no bo co to za niewiniątko, które kopie, wali łokciami i stara się przeciwnikowi obrzydzić grę. – Przepadam za walką o piłkę, a nie wytrzymuję nerwowo, kiedy mam czekać na błąd przeciwnika. Czuję potrzebę wyżycia się i spalenia tego nadmiaru energii, która we mnie tkwi – opisywał swój styl.

Przyczepiał się do rywali jak pijawka i wysysał całą energię. Jego ofiarą padł Alves, rozgrywający reprezentacji Portugalii. – Nie jestem nowicjuszem i nie są mi obcy boiskowi opiekunowie, ale kogoś podobnego jeszcze nie spotkałem. Nie byłem w stanie uwolnić się spod opieki tego natrętnego Polaka – narzekał po meczu na Stadionie Śląskim Portugalczyk. Remis w tym spotkaniu zagwarantował Polakom awans do finałów mistrzostw świata.

Przed wyjazdem do Argentyny tygodnik „Razem" przedstawiał kadrowiczów. O Nawałce jest jedno zdanie: „Wołają na niego »Ciepły«, ale nie okazuje tej cechy, przynajmniej w odniesieniu do rywali, których ma za zadanie ściśle kryć".

Był jednym z czterech mistrzów Polski, oprócz Andrzeja Iwana, Henryka Maculewicza i Antoniego Szymanowskiego, którzy pojechali na mundial. Selekcjoner powie po fakcie, że gdyby mógł cofnąć czas, powołałby jeszcze Kazimierza Kmiecika.

Adam Nawałka, Włodzimierz Lubański i Zbigniew Boniek w Argentynie, czyli doświadczony reprezentant i dwóch, do których miała należeć przyszłość.

Polacy trafili do grupy z RFN, Tunezją i Meksykiem. Gmoch rozbudował sztab szkoleniowy, który miał pomóc w rozszyfrowaniu ich gry. Na towarzyski mecz mistrzów świata z Brazylią w Hamburgu wysłał jedenastu obserwatorów. Każdy skupił się na jednym piłkarzu ekipy Helmuta Schöna, licząc mu kontakty z piłką i podania.

Rok przed mistrzostwami kadra wybrała się na prawie miesięczny rekonesans do Ameryki Południowej, który zaczęła od Argentyny. Selekcjoner chciał poznać warunki panujące na odległym kontynencie. Lekarze polskiej kadry zabrali urządzenie pozwalające mierzyć tętno trzech grających zawodników, sprawdzali w ten sposób utratę energii i wagi podczas meczu.

Gmoch stosował też rozwiązania, które podejrzał u trenerów koszykówki. Boisko podzielił na strefy, a w każdej z nich reprezentanci niezmordowanie ćwiczyli odzyskiwanie piłki. Zdarzało się też, że szedł podczas treningu na trybuny, zabierał tubę i wydawał przez nią polecenia.

– W lewo! Przesuń! Wyżej! – kierował z góry.

W czasie przygotowań do mistrzostw kadrowicze ćwiczyli na stadionie Legii. Czasem włączano nagłośnienie i przesuwając suwak z głośnością do góry, wzmagano hałas. Uszy piłkarzy miały się przyzwyczajać do wyjątkowej atmosfery na stadionach w Argentynie tworzonej przez rozkrzyczanych i pełnych temperamentu kibiców.

Do samolotu lecącego w kierunku Ameryki Południowej wsiadali z bagażem nadziei rodaków oczekujących poprawienia wyniku sprzed czterech lat, gdy Polacy zostali trzecią drużyną świata. Na papierze wszystko się zgadzało – bohaterowie kadry Górskiego jeszcze nie zeszli ze sceny, a do pomocy dostali najzdolniejszych piłkarzy młodej generacji.

ROZDZIAŁ IX
Argentyna

Andrzej Iwan nazywa te czasy szczeniackimi. Bo i szczeniakami byli. On i Adam Nawałka, przyjaciele z juniorów Wisły, wspólnie świętujący z nią mistrzostwo Polski, a później razem mieszkający na zgrupowaniach reprezentacji. Podekscytowani pobierali sprzęt od kierownika, biegli do pokoju i w pośpiechu przymierzali biało-czerwone koszulki.

– Zobacz, pasuje chyba, co? – pytali się wzajemnie, prężąc muskuły przed lustrem. Krystaliczne, młodzieńcze szczęście.

Obok nich toczyła się gra, której nie rozumieli, a w której chyba nie chcieli uczestniczyć. W końcu czekała ich najpiękniejsza przygoda w życiu – jechali na mistrzostwa świata.

Do inauguracyjnego spotkania z RFN w polskiej ekipie podchodzono z obawami. Wciąż pamiętano, że cztery lata wcześniej Niemcy pozbawili naszych graczy szans na finał. W Buenos Aires bezbramkowo zremisowaliśmy, ale być może Polacy zagrali zbyt bojaźliwie, bo istniała szansa, żeby pokonać bezbarwnych mistrzów świata. Helmut Schön grzmiał po spotkaniu, że to była antypiłka. Miał na myśli Polaków.

Niektórzy remis z RFN przyjęli jako sukces. Do mieszkających w Rosario kadrowiczów docierały telegramy od generała Jerzego Bordziłowskiego, kardynała Johna Krola czy Edwarda Gierka.

„Wasza ambicja i nieustępliwość w trudnej sportowej rywalizacji sprawia nam w kraju ogromną satysfakcję, przysparza Wam sympatii wszystkich miłośników sportu na świecie" – pisał I sekretarz KC PZPR.

Po kolejnych meczach – zwycięstwach nad Tunezją (1:0) i Meksykiem (3:1) – tej satysfakcji pewnie przybyło, ale nikt w kraju nie zdawał sobie sprawy, że w reprezentacji coraz mocniej zgrzyta. Piłkarze mogli być napakowani wiedzą od trenera, ale zbyt wiele innych spraw zaprzątało ich głowy i nie pozwalało skupić się na najważniejszym.

Nie ma recepty na to, jak mają zachowywać się trenerzy podczas wielkich imprez. Żaden z nich, nawet mając w dorobku Puchar Świata, nie napisze poradnika: „Co zrobić, żeby skutecznie walczyć o medal mistrzostw świata". Najczęściej trzeba reagować na bieżąco wobec zmieniających się okoliczności i wahań nastrojów.

Dwudziestu kilku mężczyzn kipiących testosteronem i zamkniętych ze sobą przez kilka tygodni, mecze o ciężarze gatunkowym jak z ołowiu, buzujące ego w szatni, niezadowolenie rezerwowych, presja, oczekiwania kibiców, zainteresowanie mediów. To wszystko wyzwania, z którymi mierzą się trenerzy w trakcie turniejów, a Nawałkę czeka to niedługo we Francji. Jeśli jest dobrym obserwatorem, a wygląda na to, że jest, zapewne wyciągnął wnioski z tego, co wydarzyło się w Argentynie.

Najpierw musi odpowiedzieć sobie na pytanie, czy trener może interweniować, kiedy widzi, że część starszyzny nie akceptuje młodego gracza, którego atutem są umiejętności, ale wadą w ich ocenie wiek. Tak jak w polskim zespole z 1978 roku. W kadrze zbliżała się wymiana pokoleń, Kazimierz Deyna czy Jerzy Gorgoń doskonale o tym wiedzieli, ale jeszcze nie mieli ochoty oddawać władzy w ręce młodych, którymi dowodził 22-letni Zbigniew Boniek. Między nim a doświadczonymi zawodnikami nieustannie iskrzyło. Nawałka w to nie ingerował. W reprezentacji z każdym starał się żyć dobrze.

Nie to co Boniek. Starym nie podobała się jego pewność siebie, ocierająca się o butę. Chrzest Bońka w reprezentacji zmienił się w ich osobistą zemstę. Dostawał klapkiem mocno, dużo mocniej niż koledzy, bo nie było w tym symbolicznego powitania w drużynie, tylko próba pokazania, kto tu rządzi. Po trzecim ciosie Boniek się popłakał.

Jeżeli chcieli go złamać, to się nie udało. Jego charakter znów dał o sobie znać przy towarzyskiej gierce w ping-ponga. Przy stole walczyli ze sobą Deyna z Włodzimierzem Lubańskim, a przegrywający odpadał i zwalniał miejsce następnemu. Tym był Boniek. Deyna przegrał, ale postanowił rozegrać rewanż. Boniek wepchnął się przed niego, tłumacząc, że teraz jego kolej. Zaczęła się szarpanina, obu rozdzielili koledzy.

Najstarsi zawodnicy znali Jacka Gmocha z reprezentacji Kazimierza Górskiego jako asystenta, większość była z nim na „ty", a i on sam nalegał, by dystans między nimi nie był zbyt duży. To okazało się błędem. Często dzielił się z nimi koncepcjami składu.

Fragment książki Andrzeja Jucewicza „Wielcy selekcjonerzy":

„Kiedy Jacek stanął przed drużyną i zaproponował skład ma mecz z RFN z Bońkiem w pomocy, a bez Lubańskiego (przy 4-4-2) lub bez Masztalera (przy 4-3-3), padło pytanie ze strony piłkarzy:

– A jak będziemy grali?

– Press-zoną – odpowiedział selekcjoner.

– To jaką rolę ma spełniać Boniek ze swoją skłonnością do uciekania do przodu?

Gmoch nie umiał przekonująco uzasadnić swojej propozycji i zawodnicy wymogli skład z Masztalerem zamiast Bońka. Nie mieli do Bońka zaufania.

– W tym momencie przegrałem swoją pozycję selekcjonera – powiedział później Gmoch do wiceprezesa Henryka Loski".

Boniek w meczu z RFN wszedł na końcówkę, zastępując w 79. minucie Włodzimierza Lubańskiego. Kolejny – z Tunezją – też zaczynał jako rezerwowy. Przeciwko Meksykowi był już w pierwszej jedenastce, strzelił dwa gole i miejsca w składzie nie oddał do końca turnieju.

W spotkaniu z gospodarzami znów zetrze się z Deyną. Kiedy sędzia podyktował dla Polaków rzut karny, piłkę wziął kapitan reprezentacji. Drugim wyznaczonym do strzelania był Boniek.

– Kaziu, jeśli się boisz, to ja strzelę – podszedł do Deyny. Ten nic nie odpowiedział.

Nie było to zbyt koleżeńskie i nie wyglądało na wsparcie w ciężkiej chwili. Deyna uderzył źle, zbyt lekko, a jego strzał złapał Ubaldo Fillol. I choć Boniek mówi, że zapytał jedynie o to, czy Deyna czuje się na siłach strzelać, to znając jego zapiekłość, trudno uwierzyć, że nie dobrał słów tak, by przy okazji nie wbić mu szpilki.

Drużynie nie pomagały ciągłe zmiany koncepcji wymyślane przez Gmocha. Piłkarze widzieli jego rozterki, komentowali między sobą. Na spacerze w dniu spotkania z Brazylią trener podzielił się z Janem Tomaszewskim strategią, jaką w tajemnicy szykował na mecz.

Mecz z RFN w mistrzostwach świata 1978.
Klausa Fischera powstrzymują Adam Nawałka i Władysław Żmuda.

– Zagramy ustawieniem 3-5-2. U nich najsilniejsza jest pomoc, zneutralizujemy ją piątką naszych pomocników. Zaskoczymy ich! – podekscytowany kreślił w powietrzu niewidzialne kreski, niczym generał ruchy swojego wojska.

– Dla mnie bomba! – szczerze przyznał Tomaszewski.

Dziesięć minut później siedział już w wielkiej sali i czekał na odprawę. Był ciekawy, jak na rewolucyjny pomysł trenera zareagują koledzy. Wszedł Gmoch, zaczął od ustawienia zespołu.

– Zagramy 4-4-2... – zwrócił się do piłkarzy.

Tomaszewski do dziś nie wie, dlaczego selekcjoner w ostatniej chwili zmienił taktykę.

Przed meczem z Argentyną Gmoch niespodziewanie wysłał na trybuny podstawowego stopera Jerzego Gorgonia, który wystąpił we wszystkich wcześniejszych spotkaniach mistrzostw. Zastąpił go Henrykiem Kasperczakiem, którego wcześniej ustawiał jako pomocnika. Gorgoń był wyższy, lepiej grał głową, ale miał problemy ze zwrotnością. Gmoch uznał, że przy szybkich i filigranowych Argentyńczykach bardziej przydatny będzie Kasperczak.

– Oni grają tylko dołem. Spójrzcie na nich, sami niscy zawodnicy. Mają kompleksy, dlatego podciągają spodenki tak wysoko, żeby wyglądało, że mają dłuższe nogi – tłumaczył zawodnikom.

Pierwszego gola Polacy stracili po strzale głową Mario Kempesa, który przeskoczył nad Kasperczakiem.

Gorgoń wrócił do składu na kolejne mecze, a miejsce w nim stracił z kolei Tomaszewski. Gmoch obwiniał go o porażkę z drużyną Cesara Luisa Menottiego.

– Po co ja go wystawiłem? – pytał sam siebie, leżąc na tapczanie i patrząc w sufit hotelowego pokoju.

W dwóch pozostałych meczach zamiast Tomaszewskiego wystawił Zygmunta Kuklę. Bramkarz Stali Mielec nie pomógł reprezentacji tak, jak oczekiwał od niego trener.

Oprócz napiętych relacji Bońka ze starszymi graczami i zmiennych koncepcji selekcjonera polski zespół rozdzierały kłótnie o pieniądze. Piłkarze w drodze do Argentyny nie wiedzieli, za jakie premie grają. Naciskali na działaczy PZPN, ale długo nie można było nic ustalić. W końcu podano zasady wypłat za mecze w pierwszej rundzie. Najwyżej wyceniono zwycięstwo nad Niemcami, później nad Meksykiem i na koniec nad Tunezją. Za wygraną z tym ostatnim rywalem Polacy mieli dostać skromne 50 dolarów dla każdego.

– A co będzie, jeśli przegramy z Niemcami, a o wyjściu z grupy zadecyduje mecz z Tunezją? Też dostaniemy najmniej? – dopytywał Tomaszewski.

Problematyczne okazało się też dzielenie premii wśród rezerwowych i piłkarzy odsyłanych na trybuny. Oni dostawali 25 procent premii, więc pytali, czym różnią się od tych, którzy siedzą na ławce, a też nie grają – ci z kolei zarabiali 50 procent premii.

– Tyle miesięcy przygotowań za darmo? – pytali pomijani piłkarze. Tej sprawy również długo nie można było załatwić.

Najmocniej rozzłościły piłkarzy niejasności w rozliczeniach z Adidasem. Producent sprzętu wypłacił uczestnikom finałów, którzy grali w jego strojach, premię po 20 tysięcy dolarów. Kadrowicze nic jednak nie dostali. Kiedy pytali zawodników z innych reprezentacji, co w ich ekipach zrobiono z tymi pieniędzmi, słyszeli zadowolone głosy, że zostały rozdzielone między piłkarzy.

– Co się stało z pieniędzmi od Adidasa? – Deyna po raz kolejny pytał prezesa PZPN Edwarda Sznajdera, ale nie mógł doprosić się konkretów.

Jakie były szczegóły wcześniejszych ustaleń piłkarzy z działaczami? FIFA wypłacała każdemu z uczestników turnieju ponad milion dolarów, a polscy zawodnicy mieli obiecaną część tych pieniędzy. Dodatkowo Adidas zapłacił wspomniane 20 tysięcy dolarów.

Podejrzliwość piłkarzy rosła, a ich przygotowania do kolejnych meczów zdominowały narady, dyskusje, wątpliwości. Głównie starszych, bo Nawałka, Boniek czy Iwan nie wtrącali się w rozmowy dotyczące podziału pieniędzy i po prostu czekali na ich efekt.

Dzień przed spotkaniem z Argentyną dziewięciu najbardziej doświadczonych reprezentantów spotkało się z kierownictwem PZPN. Rozmowy trwały do północy. Działacze oznajmili, że pieniądze od Adidasa trafiają do puli, z której zawodnicy dostaną premie za udział w mistrzostwach.

– Ustalenia były inne. Premię mamy dostać z pieniędzy, jakie wypłaciła FIFA. Te z Adidasa są przecież jako bonus – pieklili się zawodnicy. Selekcjoner stanął po ich stronie.

Okazało się jednak, że na premię od FIFA położyli już w Polsce łapę prezesi wszelkich możliwych instytucji, pośrednio i bezpośrednio związanych z PZPN, którzy mieli do tego chociaż cień podstawy.

Czy drużyna, w której kilkanaście godzin przed istotnym meczem trwały targi o pieniądze, mogła myśleć o sukcesie w mistrzostwach świata?

W drugiej rundzie argentyńskich mistrzostw Polacy wpadli na przedstawicieli Ameryki Południowej – gospodarzy, Peru i Brazylię. Na YouTube można dziś znaleźć ich pierwsze spotkanie z Argentyną. Początkowe ujęcia – kibice machający flagami, Jacek Gmoch w wojskowej kurtce biegnący w kierunku ławki rezerwowych i polski zespół w skupieniu słuchający Mazurka Dąbrowskiego.

Jest też i Nawałka. W czerwonej, opiętej koszulce. Ciężko oddycha, jakby przerażony nadchodzącym wyzwaniem. Słyszy ogłuszający ryk 37 tysięcy widzów, w głowie muszą skrywać się myśli o wadze tego spotkania. Być może przed oczami migają obrazki z błyskawicznej drogi, jaką przebył – dwa lata wcześniej grał jeszcze w finale mistrzostw Polski juniorów. Zapytany kiedyś o tremę na boisku Nawałka przyznał, że czuł ją tylko raz. Przed pierwszym spotkaniem w trampkarzach Wisły.

I na boisku w Rosario jej nie widać. Pierwsze minuty pokazują, że jedyne, o czym myśli, to zastopować Argentyńczyków. Gra bez respektu dla przyszłych mistrzów świata. Jeden wślizg, drugi, chce być wszędzie. Na kolorowych taśmach sprzed 38 lat wyróżnia się nie tylko białymi nakostnikami na czerwonych getrach. Biega po boisku jak oszalały, być może nawet za dużo. Przy próbie odbioru piłki Argentyńczykom jest drugim najbardziej wysuniętym zawodnikiem obok polskiego napastnika. Ciekawe, czy dzisiejszy selekcjoner Nawałka pozwoliłby piłkarzowi Nawałce biegać aż tyle.

Polacy przegrali z Argentyną po dwóch golach Mario Kempesa. W telewizyjnym archiwum zachowało się niespełna minutowe nagranie rozmowy z Nawałką po porażce. Wyważonym tonem mówi o łzach w szatni pokonanych.

Żeby podtrzymać nadzieje na awans do półfinału, Polacy musieli wygrać z Peru. I udało się po bramce Andrzeja Szarmacha. W decydującym meczu – z Brazylią – przegrali 1:3. W szatni w zadumie patrzyli na swojego trenera z bezsilności uderzającego przez kilka minut głową o metalową szafkę. Gmoch kiedyś zasugeruje, że następcy Pelego mogli używać eteru jako środka pobudzającego.

Biało-czerwoni żegnali się z turniejem przy akompaniamencie marszu żałobnego w Polsce, którego tysiące kilometrów od ojczyzny jeszcze nie mieli szans usłyszeć. Ale zawód i rozczarowanie w kraju były ogromne.

– W odniesieniu większego sukcesu z reprezentacją zabrakło Jackowi przede wszystkim konsekwencji. Starsi zawodnicy mieli zbyt duży wpływ na jego decyzje – podsumuje w przyszłości Nawałka.

Do niego nikt nie miał pretensji. W turnieju wystąpił w pięciu z sześciu meczów, wyeksponował atuty – ambicję, nieustępliwość, świetne przygotowanie fizyczne. Dziennikarze Associated Press wybrali go do najlepszej jedenastki turnieju obok Bertiego Vogtsa, Paolo Rossiego czy króla strzelców Mario Kempesa. Jako jeden z nielicznych Polaków nie zawiódł i dawał nadzieję na przyszłe sukcesy. Nie miał jeszcze 21 lat, za sobą 16 meczów w reprezentacji i świeżo zdobyte mistrzostwo kraju. Czy mógł przeczuwać coś złego?

Korespondent „Trybuny Ludu" podsumowywał: „Nawałka był bezsprzecznie najlepszym polskim reprezentantem w Argentynie i jednym z najlepszych spośród młodych uczestników całego turnieju. Dzielnie sekundował mu tylko o dwa lata starszy Boniek. Obaj dobrze zdali reprezentacyjny egzamin. Pierwszy z nich nawet bardzo dobrze. Młodość była ich mocnym atutem. Dzielnie znieśli trudy turnieju, dopisały im także nerwy. Niestety za mało mieliśmy w Argentynie takich

Pobyt w Argentynie to nie była tylko piłka nożna...
Motocykl sprawdzają: Adam Nawałka, Andrzej Iwan i Marek Kusto.

zawodników (...) Deyna pozostał tym razem w cieniu młodszego kolegi – Nawałki, któremu zagraniczni obserwatorzy wróżą piękną karierę".

Dziennikarze „Piłki Nożnej", wśród których części było nie po drodze z Gmochem, nawoływali do zmian w reprezentacji. Do zilustrowania artykułu o potrzebie przebudowy kadry wykorzystali na okładce zdjęcia dwóch piłkarzy – Nawałki i Bońka – jako przedstawicieli „nowej fali w polskim piłkarstwie". Mieli być liderami w zbliżających się eliminacjach mistrzostw Europy.

Już bez Gmocha, który poprowadził reprezentację jeszcze w dwóch meczach i odszedł w niesławie, zastąpiony przez Ryszarda Kuleszę. Wyrok na niego został wydany jeszcze w Argentynie.

– To skandal! Tyle wydaliśmy i co osiągnęliśmy? Tylko o pieniądze się kłócili! – złościł się prezes PZPN podczas obiadu w polskiej ambasadzie. Sznajdera pocieszał ambasador ZSRR, że Polacy chociaż grali w tych mistrzostwach, podczas gdy Sowieci nawet do nich nie awansowali, ale nie miało to znaczenia. Gmoch pożegnał się z reprezentacją we wrześniu 1978 roku.

ROZDZIAŁ X

Hawana

Jako nowa nadzieja polskiej piłki, dyscypliny, przy której lubili ogrzać się PRL-owscy prominenci, Adam Nawałka po udanych dla siebie mistrzostwach świata znalazł się w kręgu ich zainteresowań. Szef PKOl Marian Renke wytypował go w nagrodę do wyjazdu do Hawany na XI Światowy Festiwal Młodzieży i Studentów.

Na Kubę jechały osobistości, którymi komunistyczni dygnitarze chwalili się przed bratnimi narodami, a i w kraju dzięki nim mogli dokarmić propagandę. Nawałka trafił do innego świata niż ten, który znał do tej pory. Oprócz niego Polskę reprezentowali Maryla Rodowicz, Czesław Niemen oraz członkowie zespołów Andrzej i Eliza czy Dwa Plus Jeden, którego przebój „Chodź, pomaluj mój świat" nucił cały kraj.

21 czerwca Polacy rozegrali ostatni mecz w Argentynie, a po miesiącu Nawałka ponownie leciał na drugą półkulę, żeby utrwalać „antyimperialistyczną solidarność, pokój i przyjaźń". Takie hasło towarzyszyło zjazdowi przedstawicieli 1650 organizacji młodzieżowych z ponad stu kilkudziesięciu krajów.

Pobyt w Hawanie na Światowym Festiwalu Młodzieży i Studentów był świetną zabawą. Niestety po nim kariera Adama Nawałki wyhamowała.

– Naszym mandatariuszom wyjeżdżającym na światowe spotkanie młodzieży i studentów w Hawanie życzę, by dobrze wypełnili swój obowiązek, by przekazali prawdę o naszym kraju, który w trudzie i znoju buduje socjalistyczną Polskę – żegnał odlatujących odpowiedzialny w PZPR za propagandę Jerzy Łukaszewicz.

Na miejscu jako gość honorowy dołączył do nich Mirosław Hermaszewski, który miesiąc wcześniej został pierwszym Polakiem w kosmosie.

Wypoczynek, słońce, wspólna zabawa, wypady nad ocean i podwodne safari z Renke, który lubił polować na grube ryby, czy prywatna audiencja u Fidela Castro, doskonale pamiętającego mecze swojego gościa z mistrzostw w Argentynie – Nawałka nie mógł się nudzić w Hawanie i nie miał nawet czasu pomyśleć o piłce. Następstwa wyjazdu na Kubę skrócą jego karierę.

ROZDZIAŁ XI

Kontuzje

W czasie, kiedy Adam Nawałka pływał po Oceanie Atlantyckim i korzystał z życia na Kubie, broniąca mistrzowskiego tytułu Wisła Kraków rozpoczęła rozgrywki. Reprezentanta Polski ominęły przygotowania do sezonu, podobnie jak cztery pierwsze kolejki w ekstraklasie.

Festiwal w Hawanie zakończył się 7 sierpnia, a pięć dni później pomocnik Wisły wyszedł już w podstawowym składzie w przegranym spotkaniu z Widzewem. Wrócił przemęczony, ale nie miał szansy na odpoczynek. Działacze nalegali, żeby grał. Po świetnych dla niego mistrzostwach świata ludzie przychodzili na stadion zobaczyć tego, którego wcześniej podziwiali w telewizji, ekscytując się meczami reprezentacji.

– Adaś, jesteś naszym towarem eksportowym, musisz grać – słyszał podszepty.

Nawałka, przynajmniej według Oresta Lenczyka, też nalegał na występy.

– Miał pretensje, że go nie wstawiam do składu albo zdejmuję przed końcem meczu – wspomina szkoleniowiec Wisły.

Obaj ustalili, że zaległości w przygotowaniu nadrobi metodą startową, czyli poprzez mecze i ćwiczenia indywidualne. Lenczyk podkreśla, że mając wtedy taką wiedzę jak dziś i doświadczenie współpracy z doktorem Jerzym Wielkoszyńskim, nigdy nie zgodziłby się na grę piłkarza zaraz po powrocie z Hawany.

Do krakowskiego klubu Nawałka trafił z wrodzoną wadą stóp – płaskostopiem i koślawością kolan. Im zwiększał się wysiłek w kolejnych latach, tym bardziej cierpiały jego stawy skokowe i kolanowe. Dziś profilaktycznie każe się dzieciom nosić wkładki ortopedyczne, ale wtedy nikt o nich nie słyszał. Nawałka rósł z defektem stóp, a obciążenia się zwiększały.

Pierwszy raz do klubowego lekarza Jerzego Jasieńskiego trafił jako czternastolatek. Do przychodni przywiózł go wiślacki poszukiwacz talentów Adam Grabka. Diagnoza brzmiała: skręcenie stawu skokowego.

To wtedy, jak opowiadał Nawałka, mogły mieć początki jego późniejsze problemy ze zdrowiem.

– Przez miesiąc miałem założony gips. Młody organizm rozwijał się jednak nadal i kości wciąż rosły. Jak się okazało, kontuzjowana noga była o cztery milimetry krótsza. Nastąpiła utrata statyki i cała seria związanych z tym powikłań – wyjaśniał w „Przeglądzie Sportowym".

Aleksander Brożyniak, drugi trener Nawałki w seniorach Wisły, szybko zauważył jego dziwny sposób poruszania się po boisku.

– Nie miał swobody i elastyczności ruchu. Źle rozkładał ciężar ciała, kolana uciekały do środka, a praca, jaką wykonywał, była nienormalna – opisuje były szkoleniowiec Białej Gwiazdy.

Niewątpliwie wpływ na jego urazowość miały też obciążenia, jakim został poddany już jako 17-latek, kiedy po raz pierwszy pojawił się na treningach dorosłej Wisły. Nie były one dostosowane do indywidualnych możliwości, bo nikt wtedy nie zwracał uwagi na prowadzenie młodych piłkarzy. Szkoleniowcy zapraszali ich na zajęcia i kazali ćwiczyć jak innym, a w zimie wysyłali z pozostałymi na kilkunastokilometrowe podbiegi na górskie szczyty. Ulgowo traktowano ich jedynie wtedy, kiedy zakładali pasy, do których wkładano naboje z ołowiu. Piłkarze biegali z nimi w czasie przygotowań – ci młodsi poruszali się z trzykilogramowym balastem, starsi zakładali nawet i dziesięć kilogramów więcej.

Na zgrupowaniu w Bukownie zaplanowano sparing wiślaków z miejscowymi amatorami. Byli już po dwóch treningach tego dnia, na boisku leżał śnieg po kostki, który utrudniał poruszanie, a trenerzy kazali im jeszcze założyć pasy z obciążeniem. Mimo to nie przeczuwali niczego złego.

– Ty, zobacz, oni chyba prosto z pracy przyszli – szturchał jeden drugiego na widok przeciwników, którzy schodzili się na boisko.

Może do dziś ci murarze, cieśle czy listonosze z Bukowna spotykają się w rocznicę tego meczu i przy kieliszku smacznej nalewki wspominają, jak ograli Wisłę z kilkoma reprezentantami w składzie, a pewnie i niektórzy uśmiechają się na projekcję z przeszłości, kiedy widzą jak ociężali krakusi nie mogą wyjść z własnego pola karnego, a biegają, jakby założyli betonowe buty.

Wisła nie była wyjątkiem, nikt wtedy w Polsce nie kontrolował obciążeń nakładanych na zawodników. W krakowskim klubie w zasadzie nie istniała też odnowa biologiczna, piłkarze mieli dla siebie mały basen i nic więcej. Do tego ograniczona diagnostyka, nie było USG ani rezonansu magnetycznego jak dziś. U piłkarzy, nie tylko u Nawałki, występowały przeciążenia.

Adam Nawałka (w tle Marek Kusto) schodzą z rozgrzewki przed meczem z Malmö w 1/4 finału Pucharu Europy.

Policzono, że Piotr Skrobowski jako nastolatek wystąpił w 80 meczach w ciągu roku. Wychodzi na to, że grał co 4,5 dnia. Potrzebowali go trenerzy reprezentacji Gwardyjskiego Pionu Sportowego, reprezentacji Krakowa, reprezentacji województwa, reprezentacji Polski juniorów, zaczynał już grywać w pierwszym zespole Wisły, a jeżeli nie udało mu się wejść na boisko, był oddawany na mecz do juniorów.

Skrobowski na rozgrzewce przed meczem z Szombierkami Bytom, szykując się do spotkania, które miało zacząć się za 10 minut, robił ostatnie skłony. Pochylił się i już został w takiej pozycji. Uszkodził mięsień w trakcie rozgrzewki.

Od mięśnia dwugłowego zaczęły się z kolei kłopoty Nawałki. Zerwał go, potem doszły problemy z kolanem i z biodrem. Plotkowano, że ma to związek z tajemniczą chorobą, którą przywiózł z Kuby.

– Problemy pojawiły się wraz z powrotem z Hawany, to na pewno. Nie wiem, może było tam za dużo rozluźnienia – zastanawia się doktor Jasieński.

Udręki Nawałki mogły wynikać też z tego, że jako piłkarz nie uznawał półśrodków. Dopóki był w stanie chodzić o własnych siłach, chciał grać. Na boisku biegał najwięcej, czasem za dwóch. Być może ta ambicja go zgubiła. Nawet w rezerwach nie odpuszczał i kiedy koledzy migali się przed ostrzejszymi interwencjami i odstawiali nogi, on wręcz szukał okazji do starcia.

– On i Adam Musiał, dwóch takich było. Do rezerw trafiało więcej zawodników z pierwszego zespołu, ale oni już nie byli tak zaangażowani. Graliśmy w lidze okręgowej, jechaliśmy gdzieś pod Kraków, a tam miejscowi już się na nich szykowali. Woleli odpuścić, bali się o kontuzje. Ale nie Nawałka i Musiał, u nich nigdy nie było kalkulowania

– opowiada Stanisław Chemicz, trener rezerw Wisły i asystent trenerów w pierwszym zespole.

Po mistrzostwach świata Nawałka zaczął się sypać. Jego stan niewiele różnił się od Wisły, klub po zdobytym tytule popadał w stagnację. Latem zespół opuścił Antoni Szymanowski i choć koledzy mogli narzekać na jego ciągłe malkontenctwo, to na boisku mocno odczuwali stratę. Szymanowski domagał się lepszych zarobków, jego warunki spełniono w Gwardii Warszawa, więc przeniósł się do stolicy. Nawałka coraz mocniej niedomagał, z kolei inny reprezentant Andrzej Iwan został zawieszony za awanturę w restauracji Stylowa.

Problemy się piętrzyły, a i Lenczyk tracił kontakt z piłkarzami. W szatni coraz więcej było niezadowolonych nie tylko z jego metod pracy na boisku, lecz także ze sposobu zarządzania zespołem. W końcu zaczęli grać przeciwko niemu. Jeśli mogli wygrać, to... woleli tego nie robić.

– Dopiero wchodziłem do zespołu, ale pierwszy raz widziałem, żeby ktoś grał na złość trenerowi. Nie mogli ścierpieć jego zachowania, zadufania w sobie – przybliża tamten sezon Skrobowski.

W lidze Wisła zawodziła, za to pokonywała kolejne przeszkody w Pucharze Europy. Po wyeliminowaniu Club Brugge i Zbrojovki Brno w ćwierćfinale wylosowała Malmö FF. Może w Krakowie nie strzeliły jeszcze korki od szampana, ale rywal nie był z grona tych, których nazwa wywołuje gęsią skórkę. Wisła mogła trafić gorzej, na przyszłego triumfatora Nottingham Forest czy na mistrza Niemiec 1. FC Köln, a wylosowała Szwedów. Droga do półfinału wprawdzie nie była szeroka jak autostrada, ale wyobraźnia kibiców Wisły zaczęła pracować.

Paliwa dostała po pierwszym meczu, w którym ich zespół wygrał u siebie 2:1. A w rewanżu do 66. minuty prowadził 1:0. I stało się coś niewyobrażalnego. Wisła w 24 minuty straciła cztery gole, przy trzech zawinił jej bramkarz Stanisław Gonet. Trener zdjął go jeszcze przed końcem meczu i wpuścił Marka Holochera.

Wokół tego meczu narosło wiele legend, podejrzewano, że bramkarz Wisły podłożył się Szwedom. Lenczyk sugeruje, że rewanż nie był uczciwy. Gonet już się nie obroni – zmarł w 1995 roku.

– Na treningu dzień przed meczem Marek Holocher spisywał się wspaniale. Byłem już zdecydowany wystawić go do bramki. Ale coś mnie powstrzymało, mogę żałować. No, ale o zmarłych się źle nie mówi... – robi pauzę w swoim stylu Lenczyk.

Drużyna rozpadała mu się w rękach. Piłkarze oddalali się od trenera, on nie zamierzał zabiegać o ich względy i wytykał palcami tych, którzy zbyt często pojawiali się nocą na Rynku i w pobliskich lokalach.

Wiosną Wisła z piętnastu meczów w lidze wygrała cztery i zajęła 13. miejsce. Żeby nie uznać sezonu za całkowicie stracony, mogła jeszcze zdobyć Puchar Polski. W finale na jej drodze stanęła Arka Gdynia. Mecz zaplanowano w Lublinie, a nie w Krakowie, więc mógł w nim wystąpić Adam Musiał. Po zwycięstwie 2:1 szczęśliwy wzniósł trofeum. To była jego prywatna zemsta na trenerze, który nie chciał go w Krakowie.

Lenczyk musiał odejść, a krótko po dymisji tłumaczył, co przeszkadzało mu w pracy z zawodnikami: po mistrzostwie poczuli się zbyt mocni, wielu zaczęło myśleć tylko o pieniądzach, no i drużyna przestała go akceptować, ponieważ nie krył się z tym, że jest abstynentem.

– Byłem młodym trenerem z małymi dziećmi. W nocy nie chodziłem po mieście, nie sprawdzałem knajp, ale nie jestem aż tak mało

Adam Nawałka był jednym z bohaterów wygranego 2:1 meczu z Malmö.
Nikt z wiślaków nie spodziewał się, że rewanż będzie koszmarem.

inteligentny, żeby nie wiedzieć, co się dzieje. Na treningu orientowałem się, kto przyszedł podpity. To trwało od poprzedniego sezonu. Ale kiedy piłkarze balują i mają wyniki, tak jak oni wtedy, to jest cisza. W kolejnym sezonie, kiedy już ich zabrakło, wywlekano, co robili trzy miesiące temu. I kopali mnie, trenera, że o tym wiedziałem. Tylko co ja mogłem zrobić? – pyta Lenczyk.

Również mam do niego kilka pytań.

Czy miał pan już dość Wisły, trudnej drużyny?

Kilku zawodników poszło do pułkownika Jabłońskiego i powiedziało, że trener Lenczyk już ich więcej nie nauczy. Tak mi przekazał prezes.

Jak pan zareagował?

Po miesiącu byłem w Śląsku Wrocław.

Nawałka był wśród tych zawodników?

Niech pan jego zapyta.

Nie rozmawia z dziennikarzami.

Może i dobrze, może ma coś na sumieniu...

Orest Lenczyk powinien pisać scenariusze dla Woody'ego Allena, reżysera z wprawą posługującego się w swoich filmach niedopowiedzeniami.

ROZDZIAŁ XII

Odejście

Grał coraz mniej, opuszczał coraz więcej treningów. Trwała zawzięta walka Adama Nawałki o powrót do zdrowia. Pierwszy raz na stole operacyjnym położył się w Wiedniu u doktora Jelinka. Okazało się, że w nodze są już zmiany zwyrodnieniowe. Potrzebne były kolejne interwencje lekarzy, co pół roku miał operację. Łącznie przeszedł ich siedem. W 1981 roku nie zagrał w żadnym meczu, w sumie nie było go na boisku przez dziewiętnaście miesięcy. Przestawał być piłkarzem.

W reprezentacji ostatni raz wystąpił w lipcu 1980 roku. Przed zbliżającymi się mistrzostwami świata łudził się, że zdąży się wyleczyć, odzyskać formę i zapracować na powołanie, ale Jelinek szybko wyprowadził go z błędu. Operację stawu biodrowego i rekonstrukcję mięśnia dwugłowego oceniono wprawdzie jako udane, ale wkrótce doszły problemy z łąkotką. Nawałka zamiast do Hiszpanii pojechał do Austrii na dwa kolejne zabiegi.

Inni wiślacy z podziwem obserwowali jego determinację. Przyjeżdżali do klubu o dziesiątej, wspólnie pili kawę, a on już od dawna ćwiczył w siłowni. Kończyli trening, rozjeżdżali się do domów – Nawałka zostawał i szedł do masażystów. I tak codziennie.

Stanisław Chemicz i Orest Lenczyk, trenerzy Wisły w 1985 roku, smutnym dla Białej Gwiazdy.

Jeszcze wracał do treningów, grał w meczach, ale żal im było patrzeć, jak cierpi i walczy z bólem rozrywającym mięśnie. Kiedyś wyróżniał się białymi nakostnikami, teraz wzrok przyciągały bandaże na nogach.

– „Ciepły" odpuść, kolana ci puchną – radzili koledzy, kiedy widzieli, że gra na siłę, ze łzami w oczach. Pięknie zapowiadająca się kariera umierała na ich oczach.

Nie odpuszczał, nie potrafił, nawet na treningu. Pomocy szukał u masażystów, których odwiedzał jeszcze częściej niż wtedy, kiedy był zdrowy. Miał po dwie–trzy kontuzje naraz, ale zaciskał zęby. Mógł coraz mniej, później już głównie jeździł do lekarzy lub się rehabilitował.

– Wszyscy ceniliśmy go za to, że po tylu kontuzjach wraca. Z uporem starał się pokazać, że mu zależy, że tędy droga. Nie biadolił, że znowu padło na niego, że pech znów go dosięgnął. Skupił się na rehabilitacji, jeździł do specjalistów, szukał pomocy wszędzie, gdzie mógł. Organizm jednak cały czas się buntował – Henryk Szymanowski odmalowuje starania Nawałki o powrót na boisko.

W 1982 roku Marek Kusto, z którym występował w Wiśle, wyjechał do belgijskiego KSK Beveren. Transfer organizował Jan de Zeeuw. Kusto zwrócił się do niego o pomoc dla kolegi.

De Zeeuw załatwił testy w Beveren. Odebrał Nawałkę z lotniska w Brukseli i pojechali do klubu.

– Położyli Adama na stole, lekarz zaczął go badać. Jak zobaczył kolana, to już nic więcej nie musiał robić. Powiedział, że kategorycznie nie zgadza się na transfer – przypomina sobie de Zeeuw.

Obok cichego dramatu Nawałki zaczynała się agonia Wisły. Odszedł z niej pułkownik Zbigniew Jabłoński, którego przeniesiono do Warszawy, a jego następcy nie mieli już tyle serca dla klubu i pomysłu na niego. Wisła zaczęła grać przeciętnie, podupadać organizacyjnie. Wcześniej piłkarze oprócz etatów w milicji mieli również te w zakładach pracy (np. armatury pomiarowej), skąd dostawali wyrównania do stypendium. Fikcyjne etaty nie były niczym nowym w polskich klubach, w Widzewie Łódź część graczy zatrudniano w zakładach włókienniczych.

W Krakowie to się skończyło i piłkarze musieli radzić sobie w inny sposób. Od działaczy nie dostawali pomocy, zaczęli więc rozglądać się za nowymi klubami.

O nie tak dawnych sukcesach Wisły przypomniał jej kibicom sezon 1980/81, w którym z Lucjanem Franczakiem na ławce zespół zdobył wicemistrzostwo. Po zakończeniu sezonu zawodnicy usłyszeli, że kierownik sekcji piłki nożnej Bronisław Michaliszyn zamierza zwolnić Franczaka. W jego miejsce chciał zatrudnić Leszka Jezierskiego. Wiślacy mieli wystarczająco dużo znajomych w lidze, żeby wiedzieć, co oznaczają treningi u niego i że lubi doprowadzać organizmy piłkarzy do granic wytrzymałości.

– Co robimy? – naradzali się w szatni.

– Jak to co, strajk robimy! – Piotr Skrobowski wstał z ławki i wyszedł. Wrócił po kilku minutach z opaskami w ręku, które znalazł u gospodarza obiektu.

– W całym kraju strajki, to i my sobie zastrajkujemy – zaproponował. Razem z innymi założyli opaski i oświadczyli działaczom, że nie wyjdą na trening bez obietnicy, że Franczak zostanie z nimi. Obronili ulubionego trenera.

W sezonie 1984/85 z drużyny, która sześć lat wcześniej była najlepsza w kraju, pozostało niewielu piłkarzy. Ulotniła się gdzieś jedność zespołu, która wcześniej była atutem Wisły, a zastąpiła ją frustracja tych, którzy pamiętali złote czasy i nie byli przyzwyczajeni do porażek z Radomiakiem Radom, Motorem Lublin czy Bałtykiem Gdynia. Piłkarze, którzy przyszli w miejsce starych mistrzów, w tamtym zespole przesiadywaliby na trybunach.

Po siódmej kolejce, kiedy w sześciu meczach wiślacy nawet nie potrafili strzelić gola, działacze zaproponowali powrót Orestowi Lenczykowi. Nie udało mu się jednak poprawić gry, do końca rundy wygrał dwa spotkania.

Zimą zespół wyjechał na obóz do Cetniewa i tam trener zaskoczył wszystkich: oświadczył, że stracił zaufanie do Nawałki i Skrobowskiego, więc wiosną nie będzie brał ich pod uwagę przy ustalaniu składu.

Dziś, popijając kompot wieloowocowy w Hotelu Francuskim niedaleko Rynku, mówi, że zdecydowały diagnozy lekarzy. – I to nie jednego, ale kilku. Powiedzieli, że nie ma szans, by ci piłkarze w najbliższych miesiącach wrócili do formy. Nie dyskutowałem z ich opiniami. Trzeba wziąć pod uwagę, że nawet przerwa w trenowaniu może pomóc. Skrobowskiemu nieco pomogła, to na pewno.

Drogi Lenczyka i Nawałki jeszcze się przetną w Wiśle. Szesnaście lat później młodszy z nich odegra się za wydarzenia z 1985 roku.

Wróćmy jednak do tamtego feralnego dla Białej Gwiazdy sezonu. Nawałka razem ze Skrobowskim ćwiczyli indywidualnie, z oddali obserwując upadek Wisły. Porażka kroczyła za nią jak cień, a kiedy wiosną drużyna zdobyła punkt w pięciu meczach, zwolniono Lenczyka. Stery w czterech ostatnich kolejkach przejął jego asystent, Stanisław Chemicz.

Sytuacja w tabeli była beznadziejna, na dodatek tydzień wcześniej zawieszono czterech zawodników. Andrzejowi Iwanowi, Krzysztofowi Budce, Januszowi Krupińskiemu i Markowi Banaszkiewiczowi zarzucono „brak zaangażowania w treningi i mecze oraz wysoce negatywny wpływ na pozostałych kolegów".

Żeby mieć z kim dokończyć sezon, Chemicz przesunął z rezerw wyróżniających się graczy, a przede wszystkim przywrócił do pierwszego zespołu Nawałkę. Jego obecność niewiele pomogła, Wisła nie zdołała się podnieść. Spadała w stylu, w jakim rozegrała cały sezon – żałosnym. Jej piłkarze w ostatniej kolejce oddali punkty potrzebującemu ich Bałtykowi Gdynia.

Wisła 1985 – Adam Nawałka w dolnym rzędzie drugi od lewej.

I jeszcze raz Lenczyk: – Ciekawe, czy ktoś odważny powie coś na temat tego, kto decydował o składzie i grze drużyny w meczu z Bałtykiem. Jeżeli nie udziela wywiadów, to może nigdy się nie dowiemy...

Czy wspominałem już o Woodym Allenie i jego filmach?

23 czerwca 1985 roku niewiele ponad tysiąc osób oglądało ostatni występ Nawałki w Wiśle. Przed spotkaniem z Bałtykiem nie było podziękowań za osiemnaście lat gry dla Białej Gwiazdy, zdobyte mistrzostwo Polski, nikt nie przyniósł kwiatów na pożegnanie. Odchodził tak, jak grał – po cichu i bez fanfar. Po kolejnej kontuzji już się poddał, podejmując jedną z najtrudniejszych decyzji w życiu i kończąc profesjonalną karierę. Los zadrwił z niego brutalnie, bo przecież

prowadził się najlepiej ze wszystkich w Wiśle, dbał o siebie jak nikt inny i wprowadził do szatni profesjonalizm, a jako pierwszy musiał skończyć z piłką.

Kontuzje nie pozwoliły mu się spełnić jako piłkarzowi, do dziś lekko utyka. Nie lubi gdybać, zastanawiać się, ile osiągnąłby, gdyby nie urazy. Przed 27. urodzinami zdecydował się na emigrację do Stanów Zjednoczonych. Wkraczał na nową drogę, choć bez szczególnych perspektyw.

W 2006 roku „Gazeta Krakowska" zorganizowała plebiscyt na jedenastkę stulecia Wisły. Znalazło się w niej sześciu mistrzów Polski z 1978 roku. Wiślacki skład marzeń wygląda tak: Jerzy Jurowicz – Antoni Szymanowski, Władysław Kawula, Henryk Maculewicz, Adam Musiał – Adam Nawałka, Zdzisław Kapka, Mirosław Szymkowiak – Henryk Reyman, Kazimierz Kmiecik, Maciej Żurawski.

***

Paczka przyjaciół, wyjątkowych zawodników z Krakowa, którzy na krótko rzucili piłkarską Polskę na kolana, istnieje już tylko na kartach historii. W rzeczywistości jej nie ma, są niedomówienia, sporadyczne kontakty i banicja wielu z piłki.

Jan Jałocha mieszka w Niemczech, Michał Wróbel w USA, Krzysztof Budka nie szuka za wszelką cenę znajomości sprzed lat, podobnie jak Antoni Szymanowski, który zerwał kontakt ze starym towarzystwem. Nawet z bratem, Henrykiem, poluzował więzi. Zbigniew Płaszewski nie daje się rakowi, Jackowi Adamczykowi amputowano nogę, a Henryk Maculewicz po wypadku w Afryce ma zaniki pamięci i wiąże koniec z końcem jako rencista.

Stanisław Gonet pojechał z kolegami z Wisły na turniej oldbojów, a dziewięć dni po powrocie już nie żył – przyczyną śmierci była śpiączka wątrobowa. Janusz Krupiński, ten, który wjechał fiatem w kościół Mariacki, zmarł na raka płuc.

Adam Musiał, kiedyś wybierany na trenera roku w Polsce, dziś patroluje stadion Wisły, Andrzej Iwan walczy z demonami i nałogami, a w momentach stabilności odnajduje się jako komentator sportowy. Andrzej Targosz pracuje jako nauczyciel wychowania fizycznego, Leszek Lipka nie zgolił brody od czasów kariery, jest trenerem w niższych ligach i łapie się za głowę, gdy widzi, że młodzież nie potrafi zrobić fikołka. Adam Nawałka został selekcjonerem i jak to on zatracił się w pracy, dlatego brakuje mu czasu, żeby wybrać numer telefonu kolegi, z którym nie widział się od lat. Część z nich to rozumie, część nie.

ROZDZIAŁ XIII

Ameryka

W kraju perspektywy były liche, więc życie na obczyźnie i pracę poza piłką wybierało coraz więcej zawodników zbliżających się do końca kariery. Z krakowskich graczy, którzy znali się z ligowych boisk, jako pierwszy do Stanów Zjednoczonych wyemigrował Janusz Surowiec. Były piłkarz Wisły i Cracovii znalazł się tam pół roku przed Adamem Nawałką.

Surowiec po przyjeździe poznał Ryszarda Adamiaka, prezesa polonijnego klubu Eagle Yonkers oraz menedżera w firmie zajmującej się pielęgnacją drzew. Adamiak już wcześniej ściągał zawodników z Polski, którzy w USA, gdzie poziom piłki nie był najwyższy, pomogliby zaistnieć Orłowi w ogólnokrajowych rozgrywkach amatorów. Proponował czytelny układ: praca od poniedziałku do piątku, a w weekendy mecze. Chętnych nie brakowało.

Wkrótce na lotnisku imienia Johna F. Kennedy'ego w Nowym Jorku wylądował z walizkami Adam Musiał i dołączył do Surowca. Nieopodal Manhattanu zaczęła powstawać kolonia krakusów, a następny w kolejce do jej powiększenia był Nawałka.

Musiał orientował się, co dzieje się w Wiśle, i wiedział, że piłkarzowi, któremu pomagał zadomowić się w pierwszym zespole, komplikacje zdrowotne nie pozwalają na grę w profesjonalnej piłce i miota się jak ryba wyrzucona na brzeg.

– A może byśmy tak Adasia Nawałkę ściągnęli? – rzucił raz pomysł Surowcowi. Sam coraz częściej odczuwał trudy kariery, przychodziły dni, że trudno mu było wstać z łóżka.

Surowiec poznał Nawałkę w Wiśle. Grał nawet w meczu z Górnikiem Zabrze, kiedy 17-latek z Rudawy debiutował, a później jak wielu w Krakowie śledził karierę słonecznego chłopca, bo tak mówiono na niego z racji wyglądu i usposobienia.

W połowie lat 80. procedury związane z wyjazdem z Polski do USA były jeszcze trudniejsze niż dziś, potrzebna była nie tylko wiza, ale również zaproszenie wysłane przez kogoś z amerykańskim obywatelstwem.

Surowiec, który zdążył już przekonać do siebie nieufnego Adamiaka, zapukał do drzwi jego gabinetu.

– Prezesie, Adam Musiał ma coraz większe kłopoty ze zdrowiem, nie może już tyle grać co wcześniej, opuszcza mecze. Przydałby się ktoś nowy.

– Masz kogoś?

– Jest w Krakowie piłkarz, który nam się przyda. Adaś Nawałka.

Adamiak znał to nazwisko, a rekomendacja Surowca ostatecznie przekonała go do tego pomysłu. Rozpoczęli starania, żeby sprowadzić wiślaka. I udało się. Po nim do Eagle Yonkers dołączył Henryk Szymanowski, a z Chicago przeniósł się Wacław Szczerba, związany wcześniej z Cracovią.

W znalezieniu pracy pomogła im piłkarska przeszłość, nie mieli co do tego wątpliwości. Dzięki Adamiakowi mogli legalnie zarabiać i dostali ubezpieczenie. Może i dużo ryzykowali pracą na wysokościach – taka zawsze jest karkołomna – ale nie była aż tak wyniszczająca, jak zajęcia innych rodaków, zwłaszcza tych, którzy musieli harować przy azbeście.

Ich firmę wynajmowały potężne koncerny energetyczne, jeśli z liniami wysokiego napięcia stykały się drzewa. Wtedy jechali na miejsce i obcinali gałęzie. Obok nich przebiegały linie z tysiącami woltów, ale sprzęt był izolowany, więc nie to napawało ich grozą. Inaczej było z wysokością, na jaką wznosił ich wysięgnik. Za każdym razem musieli uważać, żeby nie wychylać się z kosza, bo upadek z dwudziestu metrów groził śmiercią lub kalectwem.

Nie narzekali, każdy z nich wiedział, po co tam jest. Przyjechali zarobić. Praca była niebezpieczna, ale dobrze płatna. Ci na górze dostawali najwięcej, ale zanim Nawałce pozwolono wjechać na wysokość kilku pięter, musiał przejść przysposobienie do pracy – oznaczał drzewa lub zbierał gałęzie, które później trzeba było zemleć.

W każdej ekipie było od dwóch do czterech pracowników. Całość nadzorował brygadzista, decydujący o tempie pracy i pilnujący przestrzegania zasad bezpieczeństwa. Nawałka zaczynał na dole, ale w końcu i on mógł wjeżdżać między drzewa a linie wysokiego napięcia. Wyjątkowo sprawnie radził sobie z piłą mechaniczną, którą odcinał gałęzie, a jeśli trafiła się grubsza sztuka, spuszczali ją na linach, żeby niczego nie uszkodzić.

Spotykali się o szóstej rano przy sklepie, zamawiali kawę i rozjeżdżali zgodnie z otrzymanymi zadaniami, często i 100 kilometrów za Nowy Jork. Jedynie kiedy padało, dostawali wolne, bo przy takiej pogodzie nikt nie dopuściłby ich w pobliże płynącego rzeką prądu.

Pobyt w Stanach Zjednoczonych dla Adama Nawałki był też okazją do poznania dalekiego kraju.

Nawałka najszybciej ze wszystkich przyjezdnych zaadaptował się do życia na obcej ziemi. Nauczył się języka angielskiego, sprowadził żonę. Odnalazł się w nowej pracy, skupił się na niej i sumiennie wykonywał polecenia. Sumienność – tę cechę trudno u niego stępić. Niezależnie od tego, czy przychodził na treningi jako piłkarz, czy ciął gałęzie w pracy, ona zawsze mu towarzyszyła.

– Ten trudny etap w życiu nauczył mnie szacunku do pracy. Posmakowałem, co znaczy obowiązkowość, konsekwencja – podsumował w programie „Kontratak" już jako selekcjoner.

Awansował na brygadzistę, jako jedyny z dwóch Polaków w firmie, i dostał pod opiekę skromny zespół. Wzrosła też jego pensja – zarabiał 17 dolarów za godzinę, podczas gdy koledzy z kraju dostawali od 12 do 15 dolarów. Pracownicy Adamiaka często byli kontrolowani przez wysłanników firm, które ich wynajmowały. Brygadzista i jego pomocnicy przyzwyczaili się do widoku samochodów zbliżających się z oddali, jednego dnia mających na drzwiach oznaczenie elektrowni atomowej, a następnego przedsiębiorstwa energetycznego z Nowego Jorku. Ich inspektorzy sprawdzali, jak realizują zadania, które od nich dostali.

Pracując na prywatnych posesjach, również musieli być ostrożni. Zdarzało się, że odcięta gruba gałąź z impetem wbijała się w ziemię.

– Hej, co robicie z moim trawnikiem?! – awanturował się John. Nie wiedzieli, czy rzeczywiście tak ma na imię, ale Johnem nazywali każdego Amerykanina.

Mieszkali w Yonkers na obrzeżach Nowego Jorku, gdzie wyjątkowo chętnie osiedlali się emigranci znad Wisły. Przeciętna okolica, bez szczególnych atrakcji, sypialnia dla tych, którzy w ciągu dnia zarabiali dolary w innych miejscach. Polskie towarzystwo mieszało się tam z czarnoskórymi i Latynosami.

Byli piłkarze wynajmowali najtańsze pokoje, mieszkali po dwóch i głównie odliczali czas do weekendu, kiedy można było odpocząć. Nawałce nie odpowiadały warunki, jakie zastał w Yonkers.

On lubi luksus, przywiązuje do tego dużą wagę i w miejscach, w których przyjdzie mu pracować w przyszłości – uwidoczni się to w Białymstoku czy Nowym Sączu – będzie dążyć do tego, żeby mieszkać w jak najbardziej ekskluzywnych warunkach.

Starał się więc za wszelką cenę wynieść z Yonkers, a wkrótce nadarzyła się ku temu okazja. W cichej i ładnej kamienicy oferowano wynajem dwupokojowego mieszkania na parterze z ogródkiem w zamian za utrzymywanie porządku w budynku i przed nim. – Adam został dozorcą, w razie potrzeby strzygł trawnik, grabił liście czy odśnieżał, a jeśli coś się zepsuło, to zamawiał ekipę do naprawy. Kaśka, jego żona, jeździła sprzątać w domach. Świetnie im się to ułożyło, bo mogli tam mieszkać za darmo – przybliża emigranckie realia młodszy z braci Szymanowskich.

Nie wszyscy przyjęli to z podobnym nastawieniem. Część z tych, którzy zostali w Yonkers, miała mu później za złe, że odsunął się od nich, odizolował. Spotykali się rano przed pracą, później on wracał do eleganckiego mieszkania w kamienicy, a oni do szarych pokojów na przedmieściach Nowego Jorku.

Eagle Yonkers istniał od 1974 roku, kiedy sześciu młodych polskich emigrantów, w tym bracia Ryszard i Jan Adamiakowie, z pomocą proboszcza parafii św. Kazimierza Eugeniusza Kośnika (pierwsza siedziba klubu mieściła się w pokojach parafialnych), zdecydowali się odejść z niemieckiego Yonkers Sport Club i założyć polonijną drużynę.

Od 1980 roku Adamiak i jego współpracownicy zaczęli na większą skalę sprowadzać zawodników z Polski, a wszystkich zatrudniano w firmie, w której był menedżerem. Napływ piłkarzy, którzy wcześniej grali zawodowo, szybko przełożył się na wyniki, choć trudno powiedzieć, żeby oni w USA trenowali profesjonalnie. Spotykali się dwa–trzy razy w tygodniu, ćwicząc głównie po to, by podtrzymać kondycję. Pracę kończyli o 16, dwie godziny później schodzili się na boisko, przynosili piłkę, wybierali składy i grali. Po treningu zamawiali piwo i słuchali wzajemnych opowieści o dolach i niedolach emigrantów.

Całość koordynował Adam Musiał, który na początku też grał, ale od kiedy zdrowie przestało mu na to pozwalać, odpowiadał już tylko za trenowanie, choć była to raczej umowna rola. „Blacha" wkrótce wracał do Polski, trzeba więc było wybrać kogoś, kto go zastąpi. Nawałka sprawdzał się w sprawach organizacyjnych, a poza tym trzeba mu było znaleźć nowe zajęcie w Orle, bo przez kłopoty z biodrem coraz rzadziej wychodził na boisko. Został więc trenerem.

Wczuł się w nowe wyzwanie i zaczął planować zajęcia z większą intensywnością, lecz koledzy szybko zdusili w nim przymiarki do zmian, na które nie mieli ochoty. Po pracy chcieli przede wszystkim znaleźć spokój na boisku, a nie słuchać komend z boku. Wystarczy, że nasłuchali się ich przez osiem godzin od przełożonych.

– Weźże, Henek coś graj! – Nawałka nie wytrzymał i zwrócił uwagę Szymanowskiemu.

– Nie chce mi się, zmęczony jestem.

– Henek, bo cię wyrzucę.

– Adam, nie pieprz.

Pyskówka Nawałki z Szymanowskim przerwała na moment trening, ale szybko się przeprosili. Zgodnie uznali, że przesadzili.

Nawałka odpuścił, zrozumiał, że nie ma sensu traktować kolegów, jakby tworzyli zawodowy zespół. Jednak kiedy zbliżały się turnieje, w których gracze Eagle Yonkers często brali udział, kończyło się rozprężenie i zaczynały poważne przygotowania. W starych sportowcach odzywał się gen zwyciężania.

W 1987 roku Nawałka zdobył pierwsze trofeum jako trener – Orzeł został najlepszą amatorską drużyną w USA. Po wygranych eliminacjach w Waszyngtonie dla zespołów ze Wschodniego Wybrzeża awansował do decydującego turnieju w Saint Louis, gdzie spotkały się cztery najlepsze ekipy. Drużyna z Yonkers pokonała w półfinale innych polonusów, z Chicago, Eagles 3:2, a w finale Detagrapics Atlanta 3:1

Pierwsze szampany otworzyli jeszcze w szatni, więc kiedy dotarli na lotnisko, byli już w bardzo wesołych nastrojach. W odbiciu pucharu, jaki wieźli z Saint Louis, widzieli siebie z dawnych lat, więc z tym większą radością świętowali sukces. W samolocie kontynuowali zabawę, również Nawałka. Wieczorem wylądowali w Nowym Jorku i choć mieli ochotę na dalsze imprezowanie, przystopował ich Adamiak.

– Świętujecie czy pracujecie? – zapytał.

Wiedzieli, że to pytanie retoryczne i nazajutrz o szóstej rano muszą być w pracy. Prezes przyznał im za to premie za triumf w prestiżowym turnieju.

Skład Orła z historycznego sukcesu: bramkarze Szczerba i Czyżniewski oraz Nawałka, Oratowski, Gierszewski, Surowiec, Bochentyn, W. Nowak, Krzewicki, Dusza, Wierzbicki, Borkowski, Fastyn, H. Szymanowski, Krasowski i Janikowski (ojciec Sebastiana, futbolisty NFL).

Przez pięć lat Nawałka pięć razy w tygodniu wsiadał do auta z wysięgnikiem, zmieniali się tylko koledzy, którzy mu towarzyszyli. Nie wytrzymywali rozłąki z najbliższymi, rozklejali się (jak wspominają, najgorsze były rozmowy telefoniczne przed świętami i pytania dzieci: „Kiedy będziesz"?) i wracali do rodzin. On nie musiał – żona była z nim. Dziś część z nich żałuje, że ulegli tęsknocie i tak szybko opuścili USA. Wtedy wydawało się, że 10 tysięcy dolarów, które przywożą do kraju, to dużo. Na miejscu pieniądze szybko się rozchodziły.

Nawałka przywiózł w 1990 roku znacznie więcej oszczędności. Dzięki nim mógł zająć się biznesem, bo i okoliczności w Polsce do tego zachęcały – opuszczał kraj z gospodarką socjalistyczną, a wracał do raczkującego kapitalizmu. Szukał pomysłu na nowe zajęcie, w końcu uznał, że można zarobić na sprzedaży trabantów. Tym, co wyróżniało auta na tle konkurencji, były silniki – pochodziły z volkswagena polo. Mieszkańcy Rudawy przypominają sobie, że jego dom z daleka można było poznać po podwórku zastawionym samochodami z Niemiec. Nie miał kłopotu z ich sprzedażą.

Na ulicy Starowiślnej w Krakowie otworzył też sklep z dżinsami i kiedy koledzy z Wisły zachodzili po parę nowych spodni, z reguły dostawali zniżki. Sprzedawała w nim żona, ale i Nawałkę można było spotkać za ladą. Głównie jednak zajmował się zaopatrzeniem i wyjazdami do hurtowni.

Nieraz Nawałka wpadał na Stanisława Chemicza, którego poznał w Wiśle jako asystenta głównych trenerów, a przez chwilę grał u niego w rezerwach. Chemicz w 1987 roku, kiedy klub tkwił w drugiej lidze i płacił rachunki za błędy w zarządzaniu, założył wiślacką szkółkę piłkarską. Wymarzył sobie, że w przyszłości Biała Gwiazda znów oprze się na wychowankach. Zresztą ta tęsknota będzie w Krakowie ciągle silna, bo kiedyś i Nawałce pomoże znaleźć pracę.

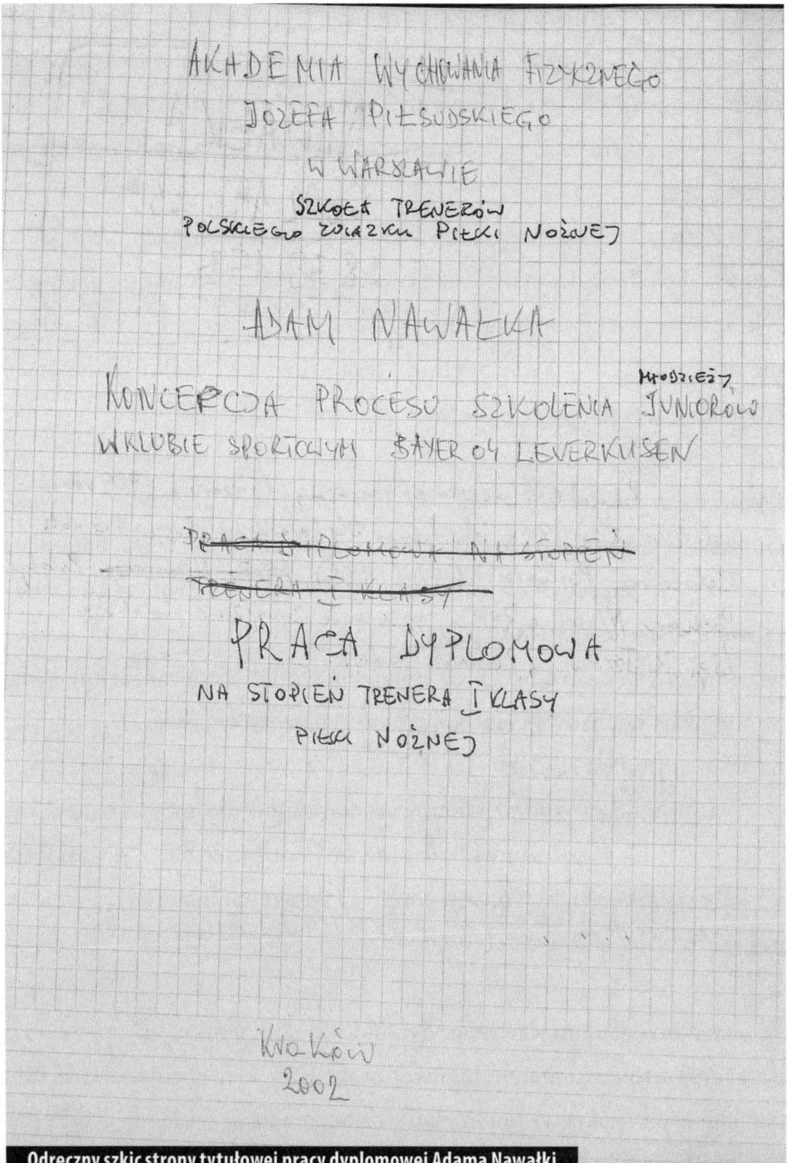

AKADEMIA WYCHOWANIA FIZYCZNEGO
JÓZEFA PIŁSUDSKIEGO
W WARSZAWIE
SZKOŁA TRENERÓW
POLSKIEGO ZWIĄZKU PIŁKI NOŻNEJ

ADAM NAWAŁKA

KONCEPCJA PROCESU SZKOLENIA MŁODZIEŻY JUNIORÓW
W KLUBIE SPORTOWYM BAYER 04 LEVERKUSEN

~~PRACA DYPLOMOWA NA STOPIEŃ~~
~~TRENERA I KLASY~~

PRACA DYPLOMOWA
NA STOPIEŃ TRENERA I KLASY
PIŁKI NOŻNEJ

KRAKÓW
2002

Odręczny szkic strony tytułowej pracy dyplomowej Adama Nawałki i poprawki Stanisława Chemicza.

Chemicz pamiętał, że jako zawodnik pojawiał się u niego na zajęciach drugiej drużyny, przyglądał się im z boku i zawsze miał wiele pytań związanych ze szkoleniem. Zapisywał też zajęcia u Edmunda Zientary czy Oresta Lenczyka i widać było, że praca trenera może go interesować.

– Zapytałem Adama, czy nie chciałby trenować młodzieży, w szkółce byli jego koledzy z drużyny, Zdzisław Kapka, Janusz Krupiński czy Henryk Szymanowski, ale jemu chyba dobrze szedł biznes i wolał z niego nie rezygnować. No i wyczułem, że jeśli już zdecydowałby się na pracę trenera, to interesują go seniorzy – wspomina Chemicz.

I wkrótce miał do nich trafić. W 1995 roku w Warszawie na obiektach AWF powstała szkoła trenerów, nazywana od nazwiska odpowiedzialnego za ten projekt wiceprezesa PZPN Ryszarda Kuleszy – „kuleszówką". Pierwszeństwo w przyjęciu mieli byli piłkarze, więc Nawałka wspólnie z Markiem Kustą i Kazimierzem Kmiecikiem zaczął kursować do stolicy na wykłady. Nauka kończyła się napisaniem pracy dyplomowej na stopień trenera II klasy.

Na promotora wybrał Chemicza, ale długo nie mógł znaleźć tematu pracy. Doświadczony szkoleniowiec podpowiedział, żeby zajął się właśnie szkółką Wisły, a on mu pomoże i udostępni materiały. Nawałka musiał to uporządkować i opisać.

Po latach przeglądam jego pracę dyplomową z 1996 roku. Już oprawioną, liczącą 68 stron, z tematem przewodnim: „Rola i znaczenie szkółki piłkarskiej w perspektywicznym planie szkolenia na przykładzie TS Wisła Kraków" i mottem umieszczonym na początku pracy: (pisownia oryginalna) „Takich będziemy mieli seniorów, jakich mamy juniorów. Takich będziemy mieli juniorów, jacy wyrosną z szeregów młodzików. A więc zajmujmy się młodzikami!!!".

W wyrazistym wstępie od pierwszych akapitów przebija troska o stan polskiej piłki, Nawałka ubolewa nad niską popularyzacją tej dyscypliny i alarmuje, że w przyszłości może zabraknąć piłkarzy w kraju. Jako jeden z powodów takiego stanu podaje zmiany zachodzące wśród... nauczycieli wychowania fizycznego. Fragment jego pracy dyplomowej:

„W szkołach zawód nauczyciela bywa coraz bardziej sfeminizowany, fakt ten decyduje o tym, że jeśli już rozbudza się zainteresowanie młodzieży czynnym uprawianiem sportu, to piłka nożna znajduje się na końcu. Na pierwszy plan wysuwają się takie dyscypliny sportowe jak: koszykówka, siatkówka, piłka ręczna i inne kameralne dyscypliny – z powodów, których nie trzeba uzasadniać.

Od dłuższego czasu trwa wyławianie najzdolniejszego materiału zawodniczego w szkołach przez inne dyscypliny sportowe. My natomiast żyjemy mitem, że piłka nożna posiada w sobie takie walory, że zawsze obroni się sama, a młodzieży garnącej się do piłki nie trzeba zachęcać, gdyż sama znajdzie drogę do klubów".

Starającego się o dyplom Nawałkę czekał jeszcze egzamin przed komisją, w której zasiadali m.in. Ryszard Kulesza, Andrzej Strejlau, Dariusz Śledziewski i Chemicz. Musiał odpowiedzieć na dwa pytania:

1. Przedstaw formy szkolenia w szkółce piłkarskiej TS Wisła.
2. Dobór i selekcja dzieci do szkółki piłkarskiej TS Wisła.

Dostał ocenę bardzo dobrą. Taką samą jak sześć lat później podczas egzaminu na stopień trenera I klasy. Tylko okoliczności były już inne, bo jako szkoleniowiec wzbogacił się o doświadczenia zdobyte na ławce, mistrzostwo Polski z Wisłą czy wiedzę wyniesioną z wyjazdów do akademii piłkarskich we Włoszech, w Hiszpanii i Niemczech.

Szykując się do pisania pracy, znów poprosił Chemicza o to, żeby został jego promotorem.

– Adam wrócił z dwutygodniowego stażu w Leverkusen. Przywiózł sporo materiałów, przejrzeliśmy wszystko i doszliśmy do wniosku, że warto to opisać – wspomina Chemicz. Temat drugiej pracy dyplomowej selekcjonera to: „Koncepcja procesu szkolenia juniorów w klubie sportowym Bayer 04 Leverkusen".

W brudnopisie, jaki pozostał po przygotowaniach do jej powstania, znajduję zapiski Nawałki i plan pracy. Umieścił w niej cztery rozdziały (1. System naboru młodzieży w klubie Bayer 04 Leverkusen; 2. Założenia organizacyjno-szkoleniowe; 3. Udział zawodników Bayer 04 Leverkusen w turniejach zagranicznych, krajowych i rozgrywkach ligowych; 4. Porównanie struktur szkolenia grup młodzieżowych klubów Wisła SSA Kraków i Bayer 04 Leverkusen).

Cofnijmy się na moment do 1996 roku. Świeżo upieczony trener II klasy wraca po egzaminie z Chemiczem do Krakowa.

– A co ty teraz będziesz, Adam, robił?

– Jest zainteresowanie z Ceramiki Opoczno, może coś z tego wyjdzie.

Drugoligowej drużyny nie udało mu się przejąć. Pierwszą pracę jako trener rozpoczął znacznie bliżej domu w Rudawie. Dokładnie osiem kilometrów od niego.

ROZDZIAŁ XIV

Krzeszowice

Spacer z dworca kolejowego w Krzeszowicach na stadion zajmuje piętnaście minut. Po drodze trzeba przeciąć niewielki rynek z cukiernią Melba, do której ponoć do dziś lubi zajrzeć Adam Nawałka z żoną i zamówić ulubione ciastka. Obiekt Świtu wyłania się zza niewielkich zabudowań. Z jednej strony jest obłożony pstrokatymi reklamami, bo złotówek trzeba szukać wszędzie. Od kiedy w centrum miasta zainstalowano monitoring, miejsce to polubiły krzeszowickie nastolatki. Mają pewność, że wścibskie oko kamer nie dostrzeże ich z piwem, kiedy po zmroku zajmą ławki rezerwowych. Dwadzieścia lat temu na tym stadionie Nawałka zaczynał pracę jako trener.

Za jedną z bramek stoi parterowy hotel, do którego od czasu do czasu zabierał piłkarzy na przedmeczowe zgrupowania. Dziwili się, że muszą, skoro do domów mają trzy minuty, ale trener pozostawał nieugięty. Dziś hotel stoi pusty. Gości wciąż ubywało, aż w końcu zamknięto biznes. Rządzący Świtem zastanawiają się, czy ponownie go nie otworzyć. Na turnieje halowe w Krzeszowicach zjeżdżają młodzieżowe drużyny z różnych części kraju, więc mali sportowcy mogliby tam nocować. Poza tym w lipcu Kraków szykuje się do Światowych Dni Młodzieży i już wiadomo, że nie będzie w stanie przyjąć ponad dwóch milionów pielgrzymów. Okazję do zarobku wyczuły okoliczne miejscowości, w tym Krzeszowice.

Namalowana na klubowym budynku piłka z herbem Świtu zdążyła już wyblaknąć, tak jak i blado wypadają osiągnięcia klubu w ostatnich latach. Dziś to średniak w lidze okręgowej. Na powitanie dostaję proporczyk z okazji 85-lecia Świtu. Było już wprawdzie i 90-lecie (w 2013 roku), ale na urodziny pięć lat wcześniej przygotowano tyle pamiątek, że wciąż zalegają w szafie. Zgodnie uznano, żeby nie zamawiać nowych, a goście będą otrzymywać proporczyki z poprzedniego okrągłego jubileuszu.

Nie ma już śladu po małym gabinecie, który w przeszłości zajmował Nawałka. Mieściły się w nim biurko, wersalka, dwa czy trzy krzesła i wieszak. Zresztą w klubie zostało niewiele pamiątek po trenerze. W magazynie kurzy się dziurawy bęben z jego podpisem, a zdjęcia z początków pracy Nawałki jako trenera zmieściłyby się co najwyżej na dwóch stronach albumu.

Ambicje Świtu nigdy nie wykroczyły poza trzecią ligę. Niewielki klub napędzany energią lokalnych działaczy, ze stadionem, który ma swój urok, jeśli tylko lubi się prowincjonalną piłkę oraz skąpą w sukcesy własną historię. Tymi najmilej wspominanymi są trzy awanse do trzeciej ligi. W pierwszym, historycznym sezonie w nowym otoczeniu (1995/96) beniaminek zajął 12. miejsce. W kolejnym szybko znalazł się w potrzasku. Po czterech kolejkach ugrzązł na dole tabeli, okupując przedostatnie miejsce ze skromnym jednym punktem.

Prezes Alfred Lipniak już wcześniej zauważył, że drużynie potrzebny jest wstrząs, trener, który twardą ręką chwyci piłkarzy zbyt frywolnie podchodzących do obowiązków. Jednocześnie zdawał sobie sprawę, że z powodu możliwości finansowych krąg kandydatów będzie ograniczony. Świtu nie stać było na doświadczonego trenera, dlatego skupił się na poszukiwaniach szkoleniowca, którego zatrudnienie nie wpędzi klubu w długi.

Osiem kilometrów od Krzeszowic, w Rudawie, mieszkał Nawałka. Lipniak znał go z czasów jego występów w Wiśle Kraków i wiedział, że myśli o rozpoczęciu pracy jako trener. Mimo wszystko wybierał jego numer telefonu z obawą. Skromna pensja przygotowana dla prowadzącego zespół mogła odstraszyć, ale prezes od początku zamierzał grać z nim w otwarte karty. Może i nawet zdziwił się jego reakcją, bo Nawałka nie robił z tego problemu. Rozumiał, że w Krzeszowicach zarobi niewiele, ale finansowy spokój zapewniały mu oszczędności przywiezione ze Stanów Zjednoczonych. Potrzebował za to przetarcia w nowej roli, dlatego zgodził się pracować za niewiele ponad tysiąc złotych miesięcznie. Jego jedynym warunkiem była gwarancja, że w przypadku propozycji z Cypru nikt w klubie nie będzie robić mu problemów i pozwoli odejść. Lipniak się zgodził, nie dopytując o szczegóły zagranicznej oferty. Uznał, że nie ma wielkiego wyboru, licząc po cichu, że żadna propozycja się nie pojawi i nie zostanie zmuszony do poszukiwań jego następcy.

Przed rozpoczęciem nowego etapu w życiu Nawałka nie mógł wybrzydzać. Wiedział, że jeżeli na starcie kariery piłkarskiej czas należał do grona jego sprzymierzeńców, to tym razem chwilowo je opuścił. Zbliżał się do 39. urodzin, dopiero co ukończył Szkołę Trenerów PZPN, a doświadczenie w tym zawodzie miał zerowe, nie licząc prowadzenia kolegów w polonijnym Eagle Yonkers. Czekało go pierwsze wyzwanie i nie zamierzał utyskiwać na to, że zaczyna od trzeciej ligi. Miał już sprecyzowany pomysł, jak powinna wyglądać praca trenera, ale potrzebował weryfikacji. Prowincjonalny Świt, z dala od zainteresowania ogólnopolskich mediów, wydawał się dobrym miejscem, żeby sprawdzić kodeks definiujący go jako szkoleniowca.

Zanim zdecydował się na pracę w 10-tysięcznych Krzeszowicach, chciał zobaczyć swój przyszły zespół. W czwartej kolejce Świt czekał mecz w Kańczudze. W autokarze zmierzającym na Podkarpacie dało się usłyszeć przebąkiwania o zmianie trenera, ale nikt nie znał nazwiska następcy Romana Basia. Piłkarze nie zdawali sobie sprawy, że przyszły szef obejrzy z trybun ich porażkę z Kamaksem (0:1). Nawałka nie chciał, żeby ktokolwiek wiedział o jego wizycie.

W poniedziałek, dwa dni później, prezes przedstawił Nawałkę w szatni.

– Słyszeliśmy o nim jako o piłkarzu Wisły, ale jako trener pozostawał nieznany i nagle odnalazł się w Krzeszowicach. Byliśmy ciekawi, jak to będzie – opowiada Krzysztof Strzeboński, były piłkarz Świtu.

Jerzy Ciężki przedstawia się jako najstarszy krzeszowiczanin urodzony w wolnej Polsce. Na świecie pojawił się 1 lutego 1945 roku. W Świcie pracował jako masażysta: – Trudno było uwierzyć, że ktoś z takim nazwiskiem przychodzi do naszego klubu. Zastanawiałem się, czy jego przekaz będzie na tyle mocny, by zawodnicy zrozumieli intencje. Bałem się, że jest zbyt inteligentny, może nawet za delikatny.

Niepotrzebne były to obawy. Nawałka szybko nakreślił sztywne ramy, w których zawodnicy mogą się poruszać. Okazały się znacznie węższe niż u poprzednika. Gwiazdę szeryfa założył pierwszego dnia i nosił ją do końca pracy w tym klubie. Już jego wejście do szatni pokazało, że zderzenie dwóch nieprzystających do siebie światów będzie nieuniknione. Amatorów traktował jak zawodowców. Kiedy przedstawił im nowy regulamin, patrzyli po sobie z niemałym zdziwieniem.

– Trafił na drużynkę może nie wiejską, ale mieszankę złożoną trochę z miejscowych, a trochę z przyjezdnych. Piłkarzy lubiących się zabawić – Strzeboński pozwala poznać specyfikę tamtego zespołu. Na tym polu dochodziło do największych tarć między trenerem a zawodnikami.

Podopiecznych zaskoczył nieraz, a zaczął już w trakcie zapoznawczego spotkania, kiedy przyznał, że oglądał ich w Kańczudze. Zdziwili się, że komuś chciało się jechać ponad 200 kilometrów, żeby zobaczyć ich mecz.

Cel, jaki miał do zrealizowania Nawałka, biorąc pod uwagę możliwości klubu i potencjał drużyny, nie mógł być inny niż pozostanie w trzeciej lidze. Było ciepłe, letnie popołudnie, wiał lekki i przyjemny wiatr. 28 sierpnia 1996 roku, dwa dni po odebraniu nominacji od Lipniaka, Nawałka po raz pierwszy usiadł na ławce jako trener w Polsce. Do Krzeszowic przyjechała Resovia, która zaczęła sezon podobnie jak Świt i z jednym punktem na koncie patrzyła na pozostałych z dołu. Po tym meczu przestała.

Trzystu widzów, którzy w środku tygodnia zechcieli obejrzeć debiut Nawałki, zobaczyło trzy gole. Ku ich rozczarowaniu żadnego z nich nie strzelili gospodarze.

Dziennikarz „Tempa" opisywał: „Nawałka ma niezwykle ciężkie zadanie – skład Świtu jest znacznie słabszy niż w ubiegłym sezonie, młodzi zawodnicy nie są zgrani z resztą drużyny. Potrafili to wykorzystać piłkarze Resovii, mający znacznie lepszą drugą linię i pewnie strzelających napastników (...) Resovia była drużyną nie do poznania – doświadczona, spokojna, skuteczna. Świt – bez komentarzy. Tym gorzej dla Adama Nawałki".

Bez komentarza można było też zostawić drugi mecz Świtu pod nowymi rządami i porażkę na wyjeździe z Czuwajem Przemyśl 1:4.

Piłkarze przekonali się do Nawałki po dwóch–trzech miesiącach. Po jego pierwszym wystąpieniu w szatni nie trysnęła euforia, nie obiecali sobie, że skoczą za nim w ogień. Czuli, że nadchodzą zmiany, ale najpierw chcieli sami się o nich przekonać. Nabierali do niego szacunku przede wszystkim za merytoryczność. Spodobało im się, jak przygotowywał treningi. Wszystko zaplanowane od pierwszej do ostatniej minuty, nie zauważyli, żeby w trakcie zajęć chodził z kartką po boisku i wymyślał coś na szybko. U poprzednika przyjeżdżali na zajęcia i wiedzieli, co na nich będzie. Nad wszystkim unosiła się monotonia. W okresie przygotowawczym szczególnie, bo wtedy biegali w kółko po parku i narzekali na katorżnicze treningi. Raz w tygodniu, jeśli już udało się załatwić wejście, dźwigali ciężary w siłowni. Często ponad własne siły i z pogwałceniem zasady o dobieraniu obciążenia do indywidualnych możliwości, ale trenerzy chcieli wykorzystać okazję, że w ogóle mogli tam ćwiczyć. Piłkę widzieli na początku marca po dwóch miesiącach przygotowań.

Nawałka z tym skończył, wprowadził też dodatkowe treningi. Nieobowiązkowe. Ale zazwyczaj był komplet. Piłkarze wiedzieli, że choć trener nikogo nie namawia, to nieobecności odnotowuje. O ile jeszcze przed wyjściem na boisko można było żartować i się uśmiechać, o tyle w trakcie zajęć już nie – oczekiwał skupienia i robienia tego, czego wymaga. Nikt nie odważył się powiedzieć: „Trenerze, może lżej, ja już nie mogę".

Robert Ziętara, były gracz Świtu, wyjmuje z teczki zmięty zeszyt bez okładki. Miał go na obozie w Limanowej, pierwszym w trenerskiej karierze Nawałki, i zapisywał w nim każdy trening. Kartki dawno straciły biały kolor, ale wciąż można na nich znaleźć precyzyjnie rozpisany plan

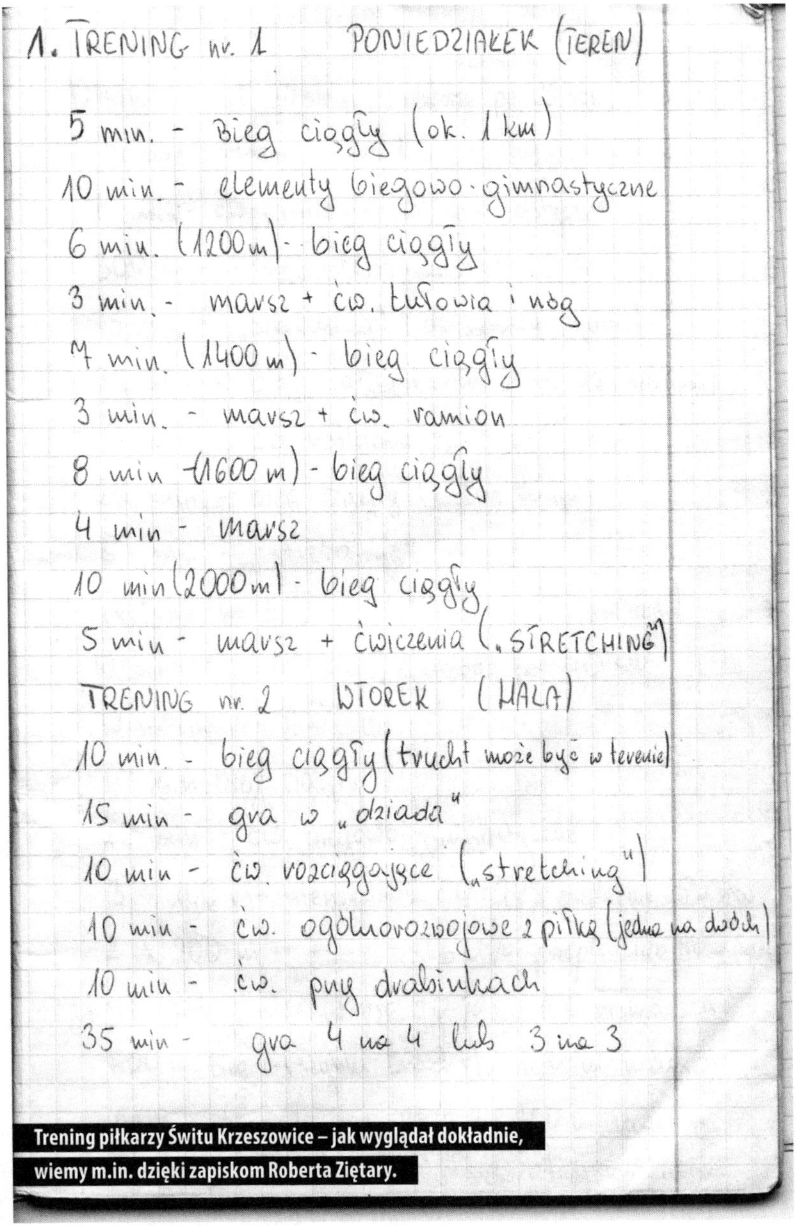

1. TRENING nr. 1 PONIEDZIAŁEK (TEREN)
5 min. - Bieg ciągły (ok. 1 km)
10 min. - elementy biegowo-gimnastyczne
6 min. (1200 m) - bieg ciągły
3 min. - marsz + ćw. tułowia i nóg
7 min. (1400 m) - bieg ciągły
3 min. - marsz + ćw. ramion
8 min (1600 m) - bieg ciągły
4 min - marsz
10 min (2000 m) - bieg ciągły
5 min - marsz + ćwiczenia („STRETCHING")
TRENING nr. 2 WTOREK (HALA)
10 min. - bieg ciągły (trucht może być w terenie)
15 min - gra w „dziada"
10 min - ćw. rozciągające („stretching")
10 min - ćw. ogólnorozwojowe z piłką (jedna na dwóch)
10 min - ćw. przy drabinkach
35 min - gra 4 na 4 lub 3 na 3

Trening piłkarzy Świtu Krzeszowice – jak wyglądał dokładnie, wiemy m.in. dzięki zapiskom Roberta Ziętary.

z ponumerowanymi treningami i zaznaczonymi informacjami, gdzie ćwiczyli – na zewnątrz lub w hali. Na pozostałych stronach dzieci Ziętary uczyły się pisać, więc całość uzupełniają niesymetryczne kreski.

Zapiski zaczynają się od spotkania po zimowym odpoczynku.

5 minut – bieg ciągły (około kilometra)
10 minut – elementy biegowo-gimnastyczne
6 minut – bieg ciągły (1200 metrów)
3 minuty – marsz + ćwiczenie tułowia + nóg
7 minut – bieg ciągły (1400 metrów)
3 minuty – marsz + ćwiczenie ramion
8 minut – bieg ciągły (1600 metrów)
4 minuty – marsz
10 minut – bieg ciągły (2000 metrów)
5 minut – marsz + ćwiczenia (stretching)

Ziętara zanotował 64 treningi. Zaglądał do sfatygowanego zeszytu, kiedy sam zaczął trenować. To Nawałka podsunął mu pomysł nowego zajęcia, bo nie myślał o tym, zanim nie poznali się w Świcie. Miał 25 lat, interesowała go gra w piłkę i rzadko wybiegał w przyszłość. Nawałka uświadomił mu, że ma cechy potrzebne trenerowi, więc zapisał się na kurs i w następnych latach samodzielnie prowadził drużyny z niższych lig.

Przyszły selekcjoner nie dał odczuć, że pracę w Świcie traktuje incydentalnie, że jest tam chwilowo, bo marzy mu się kariera w ekstraklasie. Wiele wymagał, ale i sam poświęcił się misji w Krzeszowicach. Organizował nie tylko drużynę, lecz także pracę zarządu. W zasadzie można powiedzieć, że wszystkich sobie podporządkował. Zdemontował wcześniejszy sposób kierowania Świtem i poukładał według własnych reguł. Sprowadził firmę Polcaf, producenta kawy z kogutkiem.

– Miał kontakty, uczestniczył w rozmowach. Dzięki niemu zdobyliśmy sponsora – przyznaje prezes Lipniak.

Do klubu trafiły trzy komplety nowych strojów – żółty, zielony i czerwony – z charakterystycznym kogutem na przodzie koszulek. Piłkarscy outsiderzy zaczęli wyróżniać się ubiorem w trzeciej lidze. Nawałka uważał, co będzie znamienne dla jego dalszej pracy w roli trenera, że porządek zaczyna się poza boiskiem. Oprócz strojów gracze Świtu dostali kurtki, torby i dresy. Nawałka chciał, żeby przed meczami wszyscy wyglądali jednakowo. Jak prawdziwa drużyna.

Wymyślił też akcje marketingowe przeprowadzane na meczach w Krzeszowicach, gdzie Polcaf fundował nagrody przeznaczone dla kibiców. W przerwach spotkań wybrańcy strzelali rzuty karne, organizowano też losowanie numerów biletów. Zwycięzcy dostawali opakowanie kawy. Swoją drogą najlepiej bawił się spiker, który sprawiał wrażenie, jakby na dwie godziny oderwano go od biesiadnego stołu. Zdarzało się, że ktoś zdążył ucieszyć się z wygranej, by za chwilę usłyszeć przez głośniki: „Przepraszam, pomyliłem się, numer zwycięskiego biletu jest inny".

Dominacja Nawałki w Świcie sprawiała, że chciał mieć pod kontrolą wszystko, co dotyczy zespołu. Reagował na niedociągnięcia, co imponowało piłkarzom. W amatorskim klubie dał im poczucie, że są najważniejsi, a wszystko kręci się wokół nich. Chciał, żeby tak myśleli.

W Świcie pojawiły się sport-testery. – Otwieraliśmy oczy z niedowierzania, zastanawialiśmy się, co się dzieje – przyznaje Janusz Pudełko, były piłkarz tego klubu.

Trener zaczął ustalać menu podczas wyjazdów. W tamtych czasach nawet w ekstraklasie nie przywiązywano wagi do właściwego żywienia, a co dopiero w trzeciej lidze. Ale w Świcie dbano o to, co piłkarze mają na talerzach. Przed meczami serwowano makaron, żeby przed zbliżającym się wysiłkiem dostarczyć węglowodany. Wcześniej ci sami zawodnicy zajadali się schabowym z zasmażaną kapustą i wychodzili na boisko.

Świt zmieniał się na oczach piłkarzy. Trener czuł się coraz mocniejszy, nie było dla niego spraw nie do załatwienia. Zadbał o to, żeby piłkarze z Krakowa wspólnie dojeżdżali do Krzeszowic. Bo wcześniej docierali na różne sposoby – pociągiem, autostopem, niektórzy kupowali pierwsze auta lub pożyczali od rodziców. Zmiany zapoczątkowało nieporozumienie Łukasza Śliwińskiego z Tomaszem Kępskim, którzy jeździli samochodem tego drugiego. Przed jednym z meczów Śliwińskiemu spóźnił się autobus, którym docierał na umówione miejsce przy rondzie Kraka. Telefony komórkowe jeszcze nie były w powszechnym użyciu. Kępski odjechał o wyznaczonej godzinie przekonany, że kolega wybrał podróż z kimś innym lub pociągiem.

Podczas odprawy do szatni wpadł zdyszany Śliwiński i doskoczył do Kępskiego:

– Co ty „Kempes", nie mogłeś poczekać pięciu minut?! – wrzeszczał.

Nawałka go uspokoił, kazał usiąść. Kilka dni później na piłkarzy dojeżdżających z Krakowa czekał bus w okolicach dworca głównego. Skończyły się dojazdy na własną rękę. Wynajęte auto transportowało ich do Krzeszowic i odwoziło po treningach. Piętnaście minut przed zajęciami musieli już być przebrani w szatni. Zmienił też zasady przed meczami u siebie. Piłkarze spotykali się już nie 45 minut przed ich rozpoczęciem, ale półtorej godziny wcześniej.

Przedtem w Świcie brakowało pieniędzy, żeby wysłać drużynę na zgrupowanie przed rundą. W zamian organizowano obóz dochodzeniowy. Zawodnicy zbierali się w Krzeszowicach i ćwiczyli dwa razy dziennie z przerwą na obiad. Dla niektórych było to wygodne, bo zostawali na miejscu. Przyszli na trening, odbębnili zajęcia i wracali do domu. Ale to nie tworzyło takiej atmosfery między zawodnikami jak na prawdziwym obozie, gdzie łatwiej o integrację. Przyjezdni z Krakowa, a było ich coraz więcej, w wolnym czasie snuli się bez celu po Krzeszowicach. Część kładła się w szatni na drzemkę, bo za chwilę czekał ich drugi trening. Nawałka nie chciał słyszeć o takim sposobie przygotowań. Nie ma pieniędzy? Załatwimy, sponsor pomoże. I udało się pojechać do Limanowej.

Celowo dawał odczuć piłkarzom, że utożsamia się z drużyną. Na powitanie obejmował niektórych, pytając ciepło: „My friend, jak się masz?", a po treningach wspólnie z nimi wyrywał chwasty na boisku i zadeptywał nierówności. „Dbajcie o wasze miejsce pracy" – tłumaczył. Do pielęgnacji murawy zaciągnął też dyrektora klubu.

Dariusz Jaworski, były gracz Świtu, przypomina sobie, jak kibic oparty o ogrodzenie obok ławki rezerwowych obrażał ich podczas meczu. Trener podszedł do niego, chwycił za nos.

– Jak ty się do moich chłopaków odzywasz?! Nie wolno! – szybko go spacyfikował.

Podobało im się, że tak jak oni chodzi w dresach, przyzwyczaili się, że towarzyszy im w saunie czy w siłowni. Lubił tam się popisywać, pokazywać, jak dobrze wygląda i ile jeszcze potrafi. Po zakończeniu kariery przykładał wagę do tego, żeby nie nosić zbędnych kilogramów. W saunie gładził się po płaskim brzuchu i rzucał w kierunku graczy:

„Kaloryferek, co chłopaki?". Dla nich to był sygnał, że skoro facet tuż przed czterdziestką prezentuje się tak okazale, nie mogą być gorsi. Wyznaczył im cel, który chcieli osiągać. Sam też dbał o to, by się rozwijali. W wolnych chwilach na treningu namawiał ich na ćwiczenie mięśni brzucha. Wykonanie choćby kilku powtórzeń. „Dla siebie, róbcie to dla siebie" – przypominał uparcie.

W siłowni mało kto potrafił mu dorównać podczas gimnastyki kształtującej te mięśnie. Zawstydzał podopiecznych wykonywaniem kolejnych wygibasów. Nie tylko demonstrował im próbne ćwiczenia, ale i robił je seriami. A oni mieli problem, żeby go pobić. Z Piotrem Piątkiem, czołowym piłkarzem Świtu, założył się o to, kto wisząc na drążku, więcej razy podciągnie kolana do brody. Zawodnik skończył na 25. Nawałka zawisł na drążku, zaczął dynamicznie unosić nogi i zaraz miał 27. Przerwał, ale Piątek nie ma wątpliwości, że mógł zrobić więcej.

Pokazywał, że mu na nich zależy i dawał poczucie jedności, ale zarazem pilnował dystansu. Obawiał się, że spoufalanie nie pozwoli mu utrzymać autorytetu. Zbyt bliskie kontakty zaraz ucinał. Piłkarze zwrócili uwagę na jego ciemną karnację. Dowiedzieli się, że na poprawę cery pije sok z marchwi, ale podejrzewali też, że korzysta z solarium. Próbowali dowcipkować: „Trenerze, jak było na solarium...". Kończyło się na tym, że jeśli ktoś chciał zagadać w żartach, odpowiadał: „Panowie, bierzemy się do pracy, a nie rozmawiamy". I było po temacie.

ROZDZIAŁ XV

Trener

Piłkarze z Krakowa, wychowankowie Wisły, Cracovii czy Hutnika, znaleźli przystań w Krzeszowicach długo przed przyjściem Nawałki. W macierzystych zespołach brakowało dla nich miejsca, a dodatkowo Świt kusił szczególnym atutem – mogli w nim odsłużyć wojsko. Prezes Alfred Lipniak był też dowódcą oddziałów prewencji w Małopolsce. W przeszłości miał wiele do powiedzenia w pionie gwardyjskim, z czego korzystał również Świt. Z Lipniakiem liczyli się działacze dumy milicyjnego resortu – Wisły. Krzeszowiczanie mieli dostęp do obiektów Białej Gwiazdy, rozgrywali z nią sparingi, a kontuzjowani piłkarze trafiali do lekarzy zatrudnionych w klubie z Reymonta.

W Krzeszowicach szlak krakusom przecierał Robert Ziętara. Dwukrotny mistrz Polski juniorów z Cracovią (m.in. z Tomaszem Rząsą i Arkadiuszem Kubikiem) i przez chwilę gracz pierwszej drużyny, do której trafiła złota młodzież wraz z trenerem Januszem Sputą. W trzecioligowych Pasach bieda była codziennością. Piłkarze dostawali symboliczne stypendia. Z kranu, jeśli w ogóle coś kapało, to zimna woda. Ciepłą odcięto za nieopłacone rachunki. Nieopodal sąsiadki zza miedzy, Wisły,

Cracovia miała swoje boczne boisko i basen. Jej piłkarze chodzili tam po treningach, żeby się wykąpać.

Świt na tle zubożałej Cracovii jawił się jako klub lepiej zorganizowany. Gwarantował większe wypłaty, po treningu można było umyć się w przyzwoitych warunkach, no i Ziętara dostał zapewnienie, że zamiast po poligonie będzie biegać po boisku. Po nim zjawili się inni piłkarze z Krakowa, wielu sam namówił. W następnych latach trasę do Krzeszowic pokonywali Dariusz Jaworski, Artur Bujak, Artur Błoński (wychowankowie Wisły), Tomasz Kępski, Łukasz Śliwiński (z Cracovii) czy Rafał Bursa i Dariusz Mielec (z Krakusa). Wszyscy zetknęli się w tych klubach jeśli nie z profesjonalizmem, to z półprofesjonalizmem. Dla nich reguły Nawałki nie były takim zaskoczeniem jak dla miejscowych, z których część nie miała wcześniej do czynienia ze sportowym rygorem.

Na początku Nawałce pomagał Jacek Korbiel, jeden z najbardziej doświadczonych zawodników w Świcie. Po kilku miesiącach trener sam wskazał asystentów. Wybrał 27-letniego Jaworskiego i dwa lata młodszego Ziętarę. – Do dziś nie wiem, dlaczego my. Byli starsi w drużynie – zastanawia się ten pierwszy.

– Zrobił na przekór, bo zaufał piłkarzom z Wisły i Cracovii, dwóch zwaśnionych klubów. Może chciał nas zintegrować? – głowi się Ziętara. – W drużynie były podgrupki. Miejscowi trzymali się razem, wychowankowie Hutnika przebywali głównie z tymi z Krakusa, oddzielne grupy tworzyli byli piłkarze Wisły i Cracovii. Łatwo było wyczuć brak jedności, co przenosiło się na boisko. Wychodziłeś raz, drugi, trzeci, czwarty na pozycję, ale nie dostawałeś podania. Za piątym razem nie pobiegłeś, to kolega akurat zagrał. No i pretensje trenera, dlaczego nie zareagowałeś.

Starsi piłkarze, głównie z Krzeszowic, sceptycznie patrzyli na nominacje Ziętary i Jaworskiego. Może wpływ miały podziały w drużynie, może drażniło ich, że trener znobilitował krakusów, a być może zwyciężyły stereotypy z szatni: co wy, młodzi, możecie wiedzieć? Brak zaufania uwidaczniał się podczas zwykłych biegów. Nawałka wyznaczał dystans do pokonania, a za całość mieli odpowiadać asystenci. Kiedy tylko zniknęli mu z oczu, usłyszeli z tyłu: „Ej, trenerzy, może wolniej. Skróćmy coś, nie ma sensu tylu biegać". Chociaż prowadzący gorliwie starali się wypełnić założenia Nawałki, to nie udało się im upilnować reszty.

– No jak, wszyscy zrobili, co kazałem? – zapytał na mecie trener.

– Tak, tak – kiwnęli głowami. Znaleźli się w kleszczach między lojalnością wobec grupy a przełożonego.

– Nie wydaje mi się, bo kilku nie widziałem przy jednym odcinku – zaskoczył ich.

Zastanawiali się, skąd wiedział. Podejrzewali, że podjechał samochodem do lasu, ukrył się za krzakami i ich obserwował. Przed kolejnym treningiem już wiedzieli, że nie ma sensu oszukiwać, bo Nawałka może być wszędzie.

Przed meczami obaj asystenci zajeżdżali do jego domu w Rudawie. Trener czekał już na nich z kawą, ale nie tą z kogutkiem, tylko ulubioną Lavazzą i ciastkiem. Pytał, jaki wybraliby skład, jakim ustawieniem zaczęli, chciał wiedzieć, jak czują się pozostali, o czym rozmawiali w busie, czy ktoś jest po ciężkiej nocy. Zresztą sam szybko to wychwytywał. Na odprawie nikt nie mógł mieć spuszczonej głowy. Trzeba było patrzeć, słuchać, analizować. Jeżeli ktoś uparcie patrzył na swoje buty, a Nawałka widział, że jest bez werwy, reagował. Zarzucał go pytaniami: wszystko w porządku? Wyspałeś się? Jak z dziewczyną?

Najważniejsi ludzie w Świcie Krzeszowice, czyli Adam Nawałka w towarzystwie sponsorów klubu oraz asystentów – Dariusza Jaworskiego (stoi drugi od lewej) i Roberta Ziętary.

Zwracał uwagę na indywidualne traktowanie piłkarza, który wychodził na boisko świadomy jego wymagań. Wiedział, na co może sobie pozwolić, a czego mu nie wolno. Nawałka zostawiał zawodnikom margines na błędy, bo zdawał sobie sprawę, jaką objął drużynę. Pytał ich jedynie po meczu, dlaczego nie zrobili tak, jak prosił. Jeśli zauważył, że ktoś analizuje jego uwagi i zastanawia się nad nimi, dawał mu kolejną szansę. W innym przypadku nawet i skreślał.

Nie znosił braku zaangażowania, wściekał się, kiedy widział, że ktoś odpuszcza. Podkreślał krótkim, ale znaczącym hasłem, że na boisku ma być „dupa-wślizg". Mogło im zabraknąć sił, mogli źle kopnąć piłkę albo przyjąć ją tak, że odskoczyła na trzy metry, ale nie mogli odstawić nogi. Tego nie tolerował. Drażnił go niedobór determinacji czy poświęcenia dla drużyny. Kiedy na mecz juniorów oddelegował Piotra

Chlipałę, ten nawet nie spodziewał się, że trener przyjedzie go oglądać. A jednak Nawałka usiadł na trybunach. W przerwie podszedł do ogrodzenia i zawołał schodzącego do szatni Chlipałę. Zmarszczył brwi, zaostrzył ton. Zapowiedział, że jeżeli skończy mecz z czystymi spodenkami i getrami, nie ma powrotu do pierwszego zespołu. – Wcięło mnie, bo wydawało mi się, że gram dobrze. Nawałka widział to inaczej. Ale tak mnie zmotywował, że strzeliłem dwa gole – opowiada Chlipała.

Jego impulsywność odczuwali w szatni podczas przerw. – Czasem jak coś powiedział, to człowiek nie wiedział, czy wyjść na drugą połowę, czy zapaść się pod ziemię – przełyka ślinę Janusz Pudełko. Każdy z zawodników dobrze zapamiętał wybuch Nawałki po pierwszej połowie spotkania z Kablem Kraków.

– Wszedł za nami do szatni, spokojnie zdjął kurtkę i powiesił na wieszaku. Siedzimy na ławkach, czekamy, co powie. I nagle wybuch. Kopnął kosz, trafił nim w sufit. I wrzask: „Kurwa, co jest, panowie?! Brać się do roboty!" – opowiada Piotr Piątek.

Innym razem koszem oberwał zawodnik, który nie zdążył się uchylić. Nawałka rozbił mu łuk brwiowy. Na wyjazdach niektórzy obawiali się, żeby nie wcelował w torby.

– W kilku były szklane butelki z wódką przygotowane na powrót. Gdyby je rozbił, to dopiero byłoby nieciekawie – drapie się po głowie Krzysztof Strzeboński.

Podczas meczu z Dalinem Myślenice w drodze do szatni zerkali ukradkiem na twarz trenera. I już wiedzieli, czego się spodziewać. Nieoczekiwanie pomógł im klubowy masażysta. Nawałka szykował się do przemowy, a grzebiący w torbie starszy pan nagle wyjął z niej pomidora, pytając niewinnie: „Chce ktoś?".

Po latach Jerzy Ciężki przyzna, że zrobił to celowo. Chciał rozładować atmosferę, bo widział wściekłość Nawałki. Kiedy trener zobaczył dorodnego pomidora, najpierw zagryzł wargi, a po chwili głośno się roześmiał. Takie sytuacje były jednak wyjątkiem. Częściej jego wystąpienia przypominały musztrę.

Na odprawach słyszeli podobny przekaz: „Walka, chłopaki, 90 minut walki! Po meczu możecie dychnąć! Praca, praca. Macie grać i realizować plan". Kto nie realizował, podpadał. Ścieżka przy ławce gospodarzy na stadionie Świtu już zarosła, ale miejscowi doskonale pamiętają, że kiedyś wydeptał ją Nawałka. Podpowiadał, krzyczał, ustawiał.

– Kto nie miał przy nim odporności psychicznej, ten sam się kończył. Potrafił ściągnąć z boiska tylko za to, że komuś uciekł rywal. Darek Mielec dostał od niego trzy czy cztery wędki. Po kolejnej nie wytrzymał i po prostu się rozpłakał – maluje portret trenera Strzeboński. Wędka to ujma dla piłkarza. Wchodzi z ławki, żeby zaraz na nią wrócić.

W jednym z meczów Mielec pojawił się na boisku po przerwie. Po kilkunastu minutach siedział z powrotem obok trenera. U Nawałki trzeba było walczyć i rozpychać się łokciami, a Mielec nie wpisywał się w tę charakterystykę. Drobny, stawiający na wyszkolenie techniczne, predysponowany do innej gry. Gdzie tam walka? Kiwnąć, dryblować, strzelić – to lubił. W tamtym spotkaniu miał dwie okazje na wślizg. Nie zrobił go pierwszym razem, trener przywołał go do porządku. Drugim razem mógł wybić piłkę przy linii, nie zdecydował się, a rywale zaatakowali. To wystarczyło, żeby Nawałka zastąpił go kolejnym rezerwowym.

Szkoleniowiec zorganizował nawet specjalny trening tylko po to, żeby piłkarze mogli poprawić grę wślizgami. Dziś raczej by go nie powtórzył.

Startowali z piłkami, kładli się na murawę, podnosili. Nabiegali z różnych pozycji, dostawali rozmaite zadania – musieli wybić piłkę lub ją zagarnąć. Raz lewą nogą, raz prawą. Wcześniej niektórzy robili wślizgi jedynie wtedy, gdy przewrócili się lub poślizgnęli. Nie wiedzieli, jak się ułożyć, więc wyginali nienaturalnie ciało, na co ich koledzy reagowali cichym chichotaniem.

Nawałka, co zostało mu do dziś, chce widzieć w piłkarzu odbicie siebie samego z boiska. Gościa, który rzuci wyzwanie rywalom, nie drgnie mu powieka, gdy przy stykowej piłce trzeba będzie sprawdzić, która kość jest słabsza. Kiedy sam zakładał koszulkę, buzowała w nim krew, najchętniej dopadłby przeciwnika i wbił mu się zębami w szyję. Tego samego wymaga od podopiecznych. Oczekuje twardej, bezpośredniej gry, bez łez i narzekania, za to z krążącą w krwiobiegu chęcią wygrywania i uczynienia z porażki śmiertelnego wroga.

W Świcie sam sprawdzał wytrzymałość zawodników na treningach, czasem interweniował tak zdecydowanie, że siniaki schodziły po kilku dniach. Na rozgrzewce organizował zabawę, w której piłkarze grali tylko głowami. Wpadali na siebie i nabijali guzy, a on ich jeszcze podkręcał. „Walka, walka" – krzyczał ze środka boiska. Sam w trakcie takiej gry łokciem rozciął wargę Pudełce. Ten trzymając się za krwawiące usta, pytał Piątka: „Piotrek, czy on jest normalny?". I zaraz szykował się do rewanżu. Bo Nawałka zastrzegł, że jeśli już wychodzi do treningowej gry, to piłkarze mają go traktować normalnie i bez ulgi. Wejście Pudełki z nogami uniesionymi na wysokości kolan trenera wstrzymało na moment zajęcia. Ciszę przerwał zaatakowany.

– Jano, czemu tak ostro?

– Trener gra va banque, to i ja też – odpowiedział hardo. Nawałka nie miał pretensji.

Ćwiczył z nimi, dopóki dawne kontuzje nie zagnały go z powrotem do gabinetów lekarskich. Potem już rzadziej wychodził na boisko, dbał o siebie. Kiedy szli z nim pod prysznic, byli zszokowani jego wyglądem. Blizna na bliźnie. Interwencje chirurgów zostawiły na ciele tak wiele śladów, że zawodnicy dziwili się, jak on w ogóle funkcjonuje.

Nawałka chciał, żeby piłkarze oddali się temu, co robią. Do ich zmotywowania wykorzystywał całą gamę możliwości. Ziętara często słyszał od trenera, że Zagłębie Lubin prowadzi jego dobry znajomy Adam Topolski i jeśli będzie się starać, to załatwi mu testy. Do dziś nie wie, ile w tym było prawdy, ale przyznaje, że takie słowa skłaniały go do jeszcze większego wysiłku na treningach. W końcu przed oczami rysowała się droga do ekstraklasy. Na testy do Zagłębia nigdy jednak nie pojechał.

Przed meczami w Krzeszowicach trener namawiał zawodników, żeby zaprosili na stadion dziewczyny lub żony. Jeśli już wiedział, że któraś pojawi się na stadionie, dodatkowo motywował jej wybranka w szatni: „Co, dziewczynę przywiozłeś i nie będziesz walczyć? Przecież ona patrzy na ciebie. Chyba nie chcesz, żeby pomyślała, że wybrała ciamajdę. No to teraz wyjdź na boisko, zapierdalaj i pokaż jej, ile jesteś wart!". I faktycznie każdy chciał się pokazać przed ukochaną. Dodatkowo też przed panią Nawałkową, która przyjeżdżała rowerem z Rudawy.

ROZDZIAŁ XVI

Porażka

Najbardziej żarliwie wojował z alkoholem wśród piłkarzy Świtu. Szło opornie, bo nie zamierzali mu się podporządkowywać i z wyjątkową konsekwencją testowali jego cierpliwość. – Mieliśmy przyzwyczajenia, które trudno było trenerowi wyplenić. Specjalnie nikt mu na złość nie robił – stara się bronić Krzysztof Strzeboński.

Na obozach odwiedzał piłkarzy w pokojach. – Co tam panowie? Jak się czujecie? – pytał zebranych.

– Dobrze, panie trenerze – odpowiadali zwyczajowo.

– O, patrzcie, jakiś paproch znalazłem – podnosił okruch z dywanu i niósł do kosza. Szybko wiódł wzrokiem po jego wnętrzu i sprawdzał, czy nie ma tam kapsli po piwie.

Kilkadziesiąt metrów od stadionu Świtu, w kierunku rynku, był Bar pod Czwórką. Zawodnicy znali właścicieli, lubili tam zaglądać, ale wraz z przyjściem Nawałki musieli uważać. Nie zawsze udało się zachować czujność. Rozsiedli się raz wygodnie po treningu, zamówili piwo. Rozluźnili się, dopóki nie usłyszeli znajomego dźwięku. Z powodu kłopotów z biodrem (dzięki wstawionej później endoprotezie ból się zmniejszył) trener ciągnął nogę za sobą, szurając po podłożu. I wtedy właśnie usłyszeli złowrogie szuranie.

– Nie przeszkadzajcie sobie. Jak smakuje piwo? – przywitał ich sympatycznie. Zaniemówili.

– No nic, weźcie jutro na trening ortaliony, pobiegamy sobie – szybko się pożegnał. Odechciało im się piwa, zaraz skończyli posiedzenie. Nazajutrz przebiegli tyle kilometrów, ile nigdy wcześniej. Myśleli, że im nogi odpadną. Trzecioligowi piłkarze amatorzy z trudem odnajdowali się w reżimie Nawałki, ale on ani myślał im odpuścić.

Część z nich zabierała na wyjazdy piwo lub wódkę. W perspektywie kilku godzin spędzonych w autokarze alkohol miał pomóc w walce z nudą. Wracając z obcego miasta, wlewali w siebie trunki, grali w karty i podsumowywali mecz. Nawałka z tym skończył, wprowadził zakaz picia alkoholu w autokarze. Zapowiedział, że jeśli kogoś z nim zobaczy, to wysadzi po drodze. I nieważne, czy do domu zostaną dwa kilometry, czy dwieście, ale ten kto podpadnie, będzie wracać na własną rękę. Z piciem musieli więc uważać.

Jeżeli po meczu trener był zadowolony z ich zaangażowania, to pozwalał zamówić po jednym piwie do obiadu lub kolacji. W przypadku zastrzeżeń do ich ambicji chmielowy napój zostawał u kelnerów. Ci, którzy nie zamierzali go słuchać, potajemnie zaopatrywali się w alkohol i skrywali w tyle autokaru. Nawałka ich sprawdzał. Piłkarze z Krakowa wysiadali wcześniej, ale musieli przejść obok niego. Na pożegnanie zagadywał ich przyjaźnie, przybliżając twarz. Sprawdzał oddech. Jeśli wyczuł alkohol, to zawodnik był już na cenzurowanym. Zwracał też uwagę na tych, którzy po weekendzie docierali na poniedziałkowe zajęcia w niezbyt dobrym stanie. Specjalnie organizował taki trening, po którym niektórzy wymiotowali pod płotem.

Podczas powrotu z meczu jeden z graczy, rozochocony tym, że udało się przechytrzyć trenera, rzucił kapslem po piwie. Ten przeleciał nad głową Nawałki i spadł obok niego. Trener wstał powoli, obrócił się w kierunku zawodników, ale pozostał milczący. Następnego dnia przewidziano odnowę biologiczną. Nawałka zmienił plany, organizując wyczerpujący trening dla całej drużyny. Stosował odpowiedzialność zbiorową. Kiedy okazało się, że w autokarze pojawił się alkohol, ale nie było chętnych do przyznania się, ukarał wszystkich. Musieli zapłacić po 100 złotych.

– Z klubu dostawałem 99 złotych stypendium, więc dołożyłem złotówkę – opowiada Piotr Chlipała.

Jeżeli ktoś zdobył się na odwagę i przyznał do winy, to w zależności od skali występku trener karał go finansowo lub odsuwał od meczu. Przy Nawałce najdroższego papierosa w życiu zapalił Dariusz Jaworski. Kosztował go 200 złotych. Sięgnął po niego w autokarze. Trener poczuł zapach nikotyny. Wstał i zapytał, kto palił. Bez odpowiedzi.

– Przykro mi, panowie, wszystkim potrącę z premii – Nawałka wracał już na swoje miejsce, kiedy poruszył się Jaworski. – Głupio mi było, żeby wszyscy cierpieli, to się przyznałem – tłumaczy teraz. – Daro, sorry, ale poniesiesz konsekwencje – zapowiedział asystentowi Nawałka.

Kiedyś część piłkarzy prosto z autokaru wyszła w klubowych dresach poimprezować na Rynku w Krakowie. Dowiedział się o tym trener. Nie znał jedynie nazwisk balangowiczów.

– Panowie, kogutki były widziane na Rynku – pogroził palcem na najbliższych zajęciach. Wśród podejrzanych był Łukasz Śliwiński.

– Donia, ktoś cię zobaczył Pod Papugami – zwrócił się do niego, na szybko wymieniając nazwę popularnego pubu w Krakowie.

Zespół Świtu Krzeszowice z trenerem Adamem Nawałką (stoi pierwszy z lewej). Wtedy nikt z piłkarzy nie spodziewał się, że pracuje z przyszłym selekcjonerem.

CAF

To była jego stała zagrywka. Lubił rzucić w kierunku piłkarza takie niby-oskarżenie, ale zostawiał sobie otwartą furtkę. Zawsze mógł się wykpić, że żartuje. Sprawdzał, czy ryba połknie haczyk. W przypadku Śliwińskiego połknęła.

– Trenerze, byłem, ale nie Pod Papugami, tylko w Twardowskim – wcielił się w rolę swojego adwokata. Nawałka jej nie docenił i zabrał mu część premii.

Karał za alkohol i papierosy, brak zaangażowania czy dyskusje z sędziami. Kiedy Robert Ziętara za pyskówkę z arbitrem obejrzał w meczu z Dalinem Myślenice czerwoną kartkę, w końcówce spotkania wystawał w oknie klubowego budynku i trzymał kciuki, żeby jego koledzy utrzymali prowadzenie. Liczył, że zwycięstwo pomoże złagodzić gniew trenera. Po chwili w oknie stało już ich dwóch, bo za podobne zachowanie z boiska zszedł Stanisław Owca. Szczęśliwie Świt wygrał, ale wynik nie miał wpływu na decyzję Nawałki. Ziętara zostawił w kasie trzykrotność premii, czyli 300 złotych, a Owca – dziesięciokrotność. Kara była wyższa, bo jako bardziej doświadczony powinien powściągnąć nerwy.

– Jeżeli obejrzycie kartkę za walkę, to normalne. Tak może być. Ale za niepotrzebne gadanie dostaniecie ode mnie karę – wyjaśnił szkoleniowiec.

Mimo wszystkich zmian nie wydźwignął Świtu, który skończył rozgrywki na ostatnim miejscu. Zespół wpadł w spiralę porażek, a trener nie potrafił temu zaradzić. W całym sezonie Świt wygrał cztery mecze, przegrał ich sześć razy więcej. Do pierwszego bezpiecznego w tabeli zespołu, Pogoni Leżajsk, stracił 22 punkty.

– Trudno nam było wyjść z marazmu. Jedna przegrana, druga, trzecia... Trener się starał, ale nic nie skutkowało. Z braku lepszego materiału trudno mu było nas zmusić do jeszcze większego wysiłku – uważa Strzeboński.

Nawałka ich nie dołował. Przede wszystkim chciał zjednoczyć zespół, bo widział, że jest zbieraniną. Różne sytuacje były na boisku i w szatni. Starszych piłkarzy, miejscowych i tych z Krakowa podejrzewano o sprzedawanie meczów. Zasadne to były przypuszczenia czy nie, z czegoś musiały wynikać. Nawałka o tych wątpliwościach bezpośrednio nie mówił, ale dawał po sobie poznać, że coś wyczuwa. Kiedy w czasie powrotu z przegranego meczu część zawodników grała w karty, a trener usłyszał ich rozbawione głosy, aż poderwał się z siedzenia:

– Kurwa, z czego jesteście zadowoleni? Pomyślcie o meczu. Chyba że było coś, o czym nie wiem? – zawiesił pytanie w próżni. To był jeden z ich najsmutniejszych wyjazdów, pełen niedopowiedzeń i wątpliwości. Nawałka boczył się na piłkarzy, ci mieli mu za złe, że rzucił na nich podejrzenia.

Przed meczem z Kablem zasygnalizował, że doszły go słuchy o ustawionym spotkaniu. Spadek Świtu był już przesądzony, przeciwnicy chcieli go uniknąć. Wcześniej w Krakowie skończyły się rozgrywki ligi halowej. Część piłkarzy z tego miasta zakładających koszulki Świtu znała się z rywalami. W hali grali we wspólnych drużynach, na dużym boisku w przeciwnych. „Panowie, nie podejrzewam was, ale nie chciałbym, żeby w tym meczu było coś nie tak. I mam nadzieję, że nie będzie" – znacząco zakończył odprawę Nawałka.

– Na nasze nieszczęście przytrafił się jeden głupi błąd. Przy rzucie rożnym ktoś kogoś nie upilnował, straciliśmy bramkę. Graliśmy normalnie, nie sądzę, że ktoś sprzedał ten mecz. W ostatniej minucie Kępski, pupil Nawałki, nie wykorzystał sytuacji sam na sam. Jemu mógł wierzyć. Mimo to trener wysyłał sygnały, że coś było nie tak. Niesmak pozostał – pamięta Robert Ziętara.

Przed nowym sezonem w czwartej lidze przepuścił każdego zawodnika przez sito. Zostawił młodszych, a pozbył się tych, których podejrzewał o handlowanie meczami lub którym miał za złe zabieranie szklanych butelek na wyjazdy.

Jednym z nowych piłkarzy był 18-letni Chlipała, wcześniej grający w B-klasowych Orlętach Rudawa. Dla Nawałki nie stanowiło to problemu. Wolał otoczyć się graczami, których mógł kształtować, niż tymi, do których stracił zaufanie.

– Zaproponował, żebym zagrał w sparingu z Wisłą Kraków. Poczułem, jakbym wygrał los na loterii, bo takich rywali oglądałem w telewizorze, ale musiałem odmówić. Chodziłem do technikum hotelarskiego i wypadły mi dwutygodniowe praktyki zagraniczne. Trener mnie uspokoił: „Szkoła jest najważniejsza. Jak wrócisz, przyjdź na trening" – opowiada Chlipała. Przyszedł i został.

Nawałka dostał wolną rękę w przebudowie zespołu, który miał wrócić do trzeciej ligi. Nie powiodło się. Świt zajął trzecie miejsce, rozgrywki zdominował Górnik Wieliczka, do którego krzeszowiczanie stracili 13 punktów. Na ostatnim meczu, właśnie z tym rywalem, Nawałka już się nie pojawił.

– Podczas gry na treningu tak nieszczęśliwie upadł, że coś sobie uszkodził. Poszedł na zwolnienie lekarskie – pamięta Chlipała. Przed wyjazdem do Wieliczki zadzwonił do Jaworskiego, jednego z dwóch asystentów. Poprosił, żeby przeprosić zawodników, ale ma kłopoty z kręgosłupem.

Według Jerzego Ciężkiego nieobecność trenera była spowodowana tym, że mocno przeżył niepowodzenie i brak awansu.

– Pochorował się. Był tak ambitny, że każdy mecz rozgrywał w środku. Wszystko chciał robić perfekcyjnie, a organizm tego nie wytrzymywał – uważa były masażysta Świtu.

Piłkarze nie przypominają sobie, czy trener się z nimi pożegnał. Stracili z nim kontakt. Po rozstaniu dowiedzieli się, że zaczyna pracę w Wiśle Kraków jako koordynator szkolenia młodzieży.

Jego bilans w Krzeszowicach nie wypada korzystnie. Nie zrealizował najważniejszych celów – nie utrzymał zespołu w trzeciej lidze, a w kolejnym roku nie wywalczył z nim awansu. Już na wstępie trenerskiej kariery poniósł dwie porażki i – jak wspominają zawodnicy – szczególnie ta pierwsza długo w nim siedziała. Próby poprawy wyników nie udały się, bo być może zbyt gwałtowanie chciał przeprowadzić rewolucję w głowach zawodników. A może część z nich zwyczajnie nie dorosła, żeby pracować według zasad, które nawet w ekstraklasie uchodziłyby za restrykcyjne, a co dopiero u tych, którzy grę w piłkę traktowali jako zabawę.

Im ciemniej za oknem, tym w cukierni Melba trudniej o miejsce. Ciężki zajmuje stolik w głębi lokalu, a między rozstawionymi na nim filiżankami kawy i talerzami z sernikiem układa zdjęcia. Z jednego dyskretnie uśmiecha się Nawałka w towarzystwie piłkarzy Świtu. Jeszcze w starych koszulkach, bez koguta na piersi.

Były współpracownik trenera chwali się, że zna na pamięć trzysta wierszy. Na pożegnanie, wśród gwaru kawiarnianych rozmów, zaczyna ekspresyjnie recytować jeden z nich. Wersy zaczynają układać się w dzieło Juliana Tuwima „Życie".

Do krwi rozdrapię życie,
Do szczętu je wyżyję,
Zębami w dni się wpiję,
Wychłeptam je żarłocznie
I zacznę święte wycie.
Rozbyczę się, rozjuszę,
Wycharknę z siebie duszę,
Ten pęcherz pełen strachu,
I będę ryczał wolny,
Tarzając się w piachu.

Najstarszy krzeszowiczanin urodzony w wolnej Polsce mówi, że kojarzy mu się z Nawałką.

ROZDZIAŁ XVII

Powrót

Po trzynastu latach wracał do Wisły Kraków. Adam Nawałka znów był w klubie, któremu jako piłkarz zawdzięczał wszystko, przeżył w nim zarówno wzniosłe chwile, jak i ciężkie. Wciąż siedziało w nim smutne pożegnanie z 1985 roku i spadek z pierwszej ligi.

W nowej Polsce krakowianom nie wiodło się szczególnie dobrze, również zdarzyło się im zacumować w drugiej lidze. W 1997 roku, już w ekstraklasie, Wisłę objął Wojciech Łazarek. Ten trener znany z bardziej lub mniej udanych powiedzeń, komentował skład drużyny: „Po nazwiskach widzę, że nie jest dobrze. Ale w Polsce najlepsze nazwiska są na nagrobkach".

Wkrótce nazwiska w Wiśle miały się zmienić. Złote czasy nadeszły po kilku miesiącach wraz z pojawieniem się w klubie Bogusława Cupiała, właściciela firmy Tele-Fonika, który majątek zbił na sprzedaży kabli.

– Przed jego przyjściem Wisła miała jedynie stare biurko i długi – obrazowo opisywał Łazarek.

Cupiał ze wspólnikami najpierw odkupili klubowe akcje i spłacili długi (kosztowało ich to 2,4 miliona złotych), a później zainwestowali pieniądze, jakich nikt w polskiej piłce nie widział. – Tele-Fonika to zbyt duża firma, by pozostawać w cieniu – powtarzali buńczucznie jej przedstawiciele – i udowodnili to przy okazji pierwszego okna transferowego po objęciu rządów w Wiśle. Na dziesięciu zawodników wydali trzy miliony dolarów, skupowano aktualnych i przyszłych reprezentantów kraju, powstawała drużyna, która na lata miała zdominować ekstraklasę. Prezesi innych ligowych drużyn zaczęli narzekać, że psują rynek, bo nawet nie targują się przy transferach, ale w Krakowie tylko wzruszali ramionami na takie uwagi. Stać ich było, więc zalali ligę pieniędzmi.

W cieniu efektownych działań nowego bossa przy Reymonta zrodził się pomysł nawiązujący do lat 70., kiedy szkoleni w klubie nastolatkowie stawali się znaczącymi postaciami pierwszego zespołu. Teraz również zamierzano oprzeć w przyszłości Wisłę na wychowankach. Projekt miał koordynować Nawałka, który ruszył w objazd po kraju w poszukiwaniu najzdolniejszych juniorów. Na pionierski rocznik wybrano tych urodzonych w 1983 roku.

W ciągu roku przejechał kilka tysięcy kilometrów, a jego samochód nadawał się do wymiany. Zaglądał wszędzie, gdzie słyszał o wybijającym się zawodniku, oglądał mecze reprezentacji województw czy rozgrywki makroregionalne. Praca szybko zaczęła przynosić efekty, a notes zapełniał się nazwiskami znalezionych talentów. Pomagało mu również to, że trenerem narodowej kadry w tym roczniku był Antoni Szymanowski, do którego mógł zadzwonić i zapytać o opinię na temat zawodnika. Generalnie polegał jednak na własnych obserwacjach.

Mieli po 15–16 lat, kiedy dostawali propozycję z wyznaczającej nowe trendy w szkoleniu Wisły. Nawałka trzy razy pukał do drzwi państwa

Brożków, żeby przekonać ich, by puścili Pawła i Piotra do Krakowa. Z prezesem GZKS Nowiny ustalił, że za Kamila Kuzerę dostanie trzydzieści piłek. Oprócz nich sprowadził m.in. Pawła Strąka, Wojciecha Kaczmarka czy Adriana Mrowca. Wszyscy zagrali w ekstraklasie, choć poza Brożkami trudno uznać, żeby inni w niej się wyróżnili. Na sprzedaży braci do Trabzonsporu krakowski klub zarobił za to kilka lat później 2,2 miliona euro.

Nawałka pojawił się również w Koszalinie u Mateusza Kaźmierczaka.

– Przedstawił wizję: mieszkamy w internacie, trenujemy codziennie, a za kilka lat stajemy się częścią opartej na swoich zawodnikach Wisły. Trudno było odmówić – mówi skuszony przez niego piłkarz.

Trenerem został Szymanowski, a Nawałka odpowiadał za sprawy organizacyjne. Piłkarze zamieszkali w internacie, miesięczny koszt utrzymania każdego z nich wynosił 200 złotych, ale nie musieli się o to martwić. Za wszystko płacił klub. Niektórzy, jak bracia Brożkowie, dostawali stypendium – co miesiąc odbierali po 420 złotych.

Pracy okazało się więcej, niż Nawałka zakładał, kiedy po kolei zbierał talenty z Polski. To była wybuchowa młodzież, jako najlepsi juniorzy w Polsce czuli się wybrańcami. Roznosiła ich energia, a on to widział i reagował. Być może przed oczami miał siebie w ich wieku, kiedy z Andrzejem Iwanem i Krzysztofem Budką również zamiast w bibliotece woleli spędzać czas na Rynku w poszukiwaniu kolejnych przygód. To była już jednak inna młodzież, bardziej wulgarna i niespokojna. Nawałka też nie był w pewnym okresie łatwy do prowadzenia i zdarzało mu się robić głupoty, ale jego wyskoki były inne, popełniane z większą fantazją niż podopiecznych z końca lat 90., którzy potrafili wypróżnić się do poduszki kolegi, wylać mocz na dostawcę pizzy albo zwyzywać nauczycieli na lekcjach.

W internacie zajmowali trzecie piętro, niżej mieszkali uczniowie położonej nieopodal szkoły zawodowej. Do piłkarzy nie zaglądali, zresztą i wychowawcy byli tam niemile widziani, bo wiślacy niechętnie wpuszczali do siebie kogoś spoza własnego grona. Jedynym, przed którym czuli respekt, był Nawałka. Znaleźli się pod jego stałą kontrolą, interesował się nie tylko ich postępami na boisku, ale też w nauce. Powtarzał im wiele razy, że na pierwszym miejscu jest szkoła, a piłka na drugim. Nie rozumieli tego.

Kontaktował się z ich nauczycielami, rozmawiał z wychowawcami, potrafił znienacka wpaść do internatu, żeby sprawdzić porządek w pokojach albo skontrolować, czy odrobili lekcje. Dobrze wiedzieli, co to oznacza. W panice pożyczali zeszyty, bo wszystko sprawdzał, a w razie wątpliwości zarzucał ich pytaniami.

Nie chciał, by ograniczali się do gry w piłkę, zajmował się nie tylko pilnowaniem, ale i wychowaniem. W wolnych chwilach uczył ich podstaw savoir-vivre'u – w stołówce pokazywał, jak powinny być ułożone sztućce czy jak mają odsuwać krzesło. Był surowy, ale też wykazywał się empatią i jeśli komuś brakowało 200 złotych, bo byli też zawodnicy z biednych rodzin, pożyczał mu pieniądze, choć najpierw pytał, po co mu potrzebne.

Konsekwentnie testowali jego cierpliwość i wytrzymałość. Przy okazji mistrzostw Europy U-16 w Izraelu powołanych na turniej wiślaków zwolniono na miesiąc ze szkoły. Ponieważ reprezentacja Polski odpadła już w fazie grupowej, wrócili do kraju szybciej, niż zakładano.

Piotr Brożek i Paweł Brożek jako nastoletni juniorzy Wisły. Do Krakowa trafili za sprawą Adama Nawałki.

Nie zamierzali jednak chodzić na lekcje i zamiast słuchać o sercowych rozterkach pana Tadeusza czy moralności pani Dulskiej, woleli korzystać z pierwszych majowych promieni na dachu internatu, a popołudniami jak gdyby nigdy nic przychodzili na trening.

Nie wiadomo, czy liczyli na to, że nikt się nie dowie o wagarach, lecz kiedy Nawałka pojawił się w szkole i jak zwykle chciał porozmawiać z nauczycielami na temat ich ocen i zachowania, zdumiony usłyszał, że są przecież w Izraelu. Wściekły wsiadł do samochodu i ruszył w kierunku internatu przy ulicy Kamieńskiego.

Niczego nieświadomi piłkarze kolejny dzień opalali się na górze, kiedy jeden z nich uniósł się na chwilę. Zdążył tylko syknąć:

– O kurwa...

Pozostali powiedli za nim wzrokiem i za chwilę mogli powiedzieć to samo. Zobaczyli uchylony właz, a w nim głowę Nawałki. Ani wcześniej, ani później nie widzieli go bardziej rozjuszonego.

Ci zawodnicy, oprócz tego, że sprawiali problemy wychowawcze, potrafili też grać w piłkę. W 2000 roku w klubie postawiono ambitne zadanie, żeby zespoły juniorów młodszych i starszych Wisły wygrały dwa tytuły mistrzów Polski. Udało się tym drugim, zasilonym zresztą m.in. bliźniakami Brożkami, Kuzerą czy Strąkiem, więc zawodnikami o dwa lata młodszymi niż rywale. Ich rówieśnicy z Wisły w swojej kategorii wiekowej zajęli drugie miejsce.

Nawałka podróże po Polsce i nadzorowanie niesfornych chłopaków łączył z podglądaniem pracy w akademiach na Zachodzie. Ten pęd do poszerzania horyzontów będzie dla niego charakterystyczny i pomoże mu rozwinąć się jako trener, a z klubów, które odwiedził, można spokojnie ułożyć silną grupę w Lidze Mistrzów.

W Niemczech był w Bayerze Leverkusen, w Hiszpanii w Barcelonie, Osasunie Pampeluna i Realu Sociedad San Sebastian, a we Włoszech w Romie, Lazio Rzym, Torino i Udinese.

– Staże załatwiał swoimi kanałami. Było mu łatwiej, bo z kariery pozostały znajomości i z nich korzystał. Przecież należał do rozpoznawalnych piłkarzy, grał w reprezentacji. Myślę, że gdyby nie te zagraniczne wyjazdy, nie byłby dziś tym trenerem, którego oglądamy na stanowisku selekcjonera – uważa jego promotor Stanisław Chemicz.

Szczególnie polubił podróże do Włoch, jeździł tam zimą i oprócz staży w klubach spędzał czas w Dolomitach, gdzie oddawał się jednemu z nielicznych swoich hobby (większość czasu zagarnia piłka) – jeździe na nartach. Kiedy był w Rzymie, zatrzymywał się u wujka, Jana, mieszkającego tam od ponad 30 lat dominikanina, tego samego, z którym jako chłopiec kopał piłkę w Rudawie i wyobrażał sobie siebie jako piłkarza AC Milan albo Interu.

W czerwcu 2000 roku Nawałka, po pierwszej krótkiej przygodzie jako trener Wisły, objął stanowisko dyrektora ds. zespołów młodzieżowych. Co poniedziałek w siedzibie klubu zbierali się trenerzy trampkarzy, juniorów i rezerw, żeby raportować o meczach swoich zespołów. Tworzyli rubryki, wpisywali oceny – każdy piłkarz był monitorowany i o każdym wiedział dyrektor.

To w trakcie tych narad podejmowano decyzje o tym, czy wyróżniającego się gracza przesuwano do starszego rocznika, bo Nawałka dobrze pamiętał, ile korzyści jemu i jego kolegom dały w przeszłości takie roszady. To również on stał za pomysłem, żeby rokujących nadzieje juniorów kierować do czwartoligowych seniorskich rezerw i to on wymusił, by zrezygnować z występujących tam starszych piłkarzy, którzy nie dawali nadziei, że będą w stanie przebić się do pierwszego zespołu.

Ze stażu w AS Roma wrócił naładowany energią i pomysłami, które chciał wprowadzać w klubie.

– Wiecie, ile trenują juniorzy we Włoszech? – pytał pozostałych trenerów. I zaraz sam odpowiadał.

– Trzy godziny, rozumiecie? Trzy godziny. I wytrzymują bez problemów. A u nas powtarza się, że półtorej godziny to maks – nie przestawał unosić głosu. I wiślacy zaczęli ćwiczyć według metod podobnych do tych we Włoszech.

W trakcie zebrań Nawałka słuchał, ale też rozliczał z tego, czego wcześniej wymagał. Nie gryzł się w język, jeśli trzeba było komuś zwrócić uwagę.

– I nie miało znaczenia, że ktoś był jego kolegą. Dochodziło do spięć, nie był oszczędny w słowach – wspomina Marek Motyka, wtedy trener rezerw Wisły, a wcześniej piłkarz, który zdobywał z nim mistrzostwo Polski w 1978 roku.

Nowatorskiego projektu nie udało się dokończyć. Nawałkę coraz bardziej pochłaniały sprawy pierwszego zespołu, gdzie dwa razy wzywano go do ratowania sytuacji i zastąpienia zwalnianych trenerów. W 2002 roku odszedł do Zagłębia Lubin. Pozostawieni sami sobie nastolatkowie smakowali już życia bez opamiętania. Po tym, jak ich opiekun opuścił Wisłę, zagubionymi w wielkim mieście piłkarzami nie miał kto się zająć, więc robili to, co chcieli. Kulminacją młodzieńczej brawury był wypadek spowodowany podczas wyścigów na ulicach Krakowa. Kuzera potrącił najlepszego kolegę, również piłkarza Wisły, Huberta Skrzekowskiego. Poszkodowany musiał zakończyć karierę, zanim na dobre ją zaczął.

– Mieliśmy po 18 lat, wyprowadziliśmy się z internatu, a w Krakowie pokus nie brakuje. Nikt nie miał nad nami kontroli. Z grupy piętnastu chłopaków maturę w pierwszym terminie zdało czterech, może pięciu. Za Nawałki byłoby to niemożliwe – nie ma wątpliwości Kaźmierczak.

Po latach zapytałem Nawałkę, czego zabrakło, by rozwinąć tak obiecujący pomysł. Miał już przygotowaną odpowiedź.

– Konsekwencji. Tylko tego. W planach mieliśmy budowę boisk treningowych czy internatu tylko dla piłkarzy. Szkoda, że w zasadzie jedynie Brożkowie przebili się w Wiśle, wielu innych miało podobny talent.

ROZDZIAŁ XVIII
Mistrzostwo

Pracownicy Wisły nie byli dalecy od prawdy, kiedy mówili, że w klubie rację ma ten, kto ostatni wychodzi od Bogusława Cupiała. Zdarzało się, że jako ostatni jego gabinet opuszczał Adam Nawałka i zostawał trenerem Białej Gwiazdy. Kiedy inni wchodzili po nim, wtedy to stanowisko tracił.

Nawałka prowadził Wisłę trzykrotnie, przejęcia odbywały się w podobnych okolicznościach – przychodził w sytuacji awaryjnej z zadaniem doprowadzenia drużyny do końca sezonu. W Wiśle był strażakiem w 2000, 2001 i w 2007 roku. Dwa pierwsze podejścia różniły się od ostatniego, gdy był już bardziej pewny siebie i miał nieco mocniejszą pozycję wśród piłkarzy. Paradoksalnie, wtedy zespół grał najgorzej.

Dlaczego właściciel Wisły nigdy tak naprawdę mu nie zaufał? Owszem, zatrudnił go, pozwolił opiekować się młodzieżą i z pewnością cenił, ale kiedy Nawałka miał dostać najważniejszą drużynę w klubie, u Cupiała pojawiało się coraz więcej rozterek i nigdy nie udzielił mu takiego poparcia jak Franciszkowi Smudzie. A kiedy w końcu go docenił i nabrał przekonania, kilka miesięcy przed nominacją Nawałki na selekcjonera, sytuacja była już inna – trener urósł i mógł stawiać warunki, z którymi Cupiał musiał się liczyć.

Bo wcześniej uważał go za szarmanckiego i ułożonego, ale zbyt grzecznego Adasia, który nie poradzi sobie ze zbiorem osobowości, z jakich utkano jego zespół.

Nawałka, który do szatni Wisły wszedł jako asystent, najpierw Marka Kusty, później Wojciecha Łazarka, od początku ustawił się w innej pozycji niż ta, jaką wyznaczył sobie w amatorskim Świcie Krzeszowice. Tam był kategorycznym trenerem, w Krakowie wolał być kimś, kogo piłkarze mają traktować może nie po koleżeńsku, ale po partnersku.

Nazywali go Adam „Pompka" Nawałka. Dlatego że był od motywacji, pompowania zawodników, nakręcania ich i przekazywania pozytywnej energii. Z werwą wymachiwał rękami, klepał po plecach i mówił: „Pokonamy wszystkich".

Przed meczami odwiedzał ich w pokojach, mobilizował. Dużo czasu do aklimatyzacji w Wiśle potrzebował Maciej Żurawski, co dostrzegł Nawałka i wytrwale próbował dotrzeć do zawodnika. Z innymi chodził na basen, żartował, z Olgierdem Moskalewiczem rozmawiał, jakby razem uczyli się w szkole, a kiedy ciekawscy piłkarze podpytywali go o znajomość z Grażyną Torbicką, nie obruszał się, tylko odpowiadał.

Rozpisał dla siebie taką rolę być może dlatego, że chciał mieć z zawodnikami bliższy kontakt niż główny trener. Oni ufali mu i lubili go, ale droga do zbudowania autorytetu była jeszcze daleka.

Kiedy następowała zmiana i Nawałka obejmował rządy w Wiśle, to chociaż nakładał już inną maskę, nie miał szans wymazać z pamięci piłkarzy poprzedniego obrazu. Może też dlatego, że pierwszym trenerem był tylko na chwilę, co nie sprzyjało zbudowaniu silnych więzi. Zawodnicy mieli świadomość, że jest tymczasowo i nawet jeśli uda się coś stworzyć, będzie to ulotne.

Trudno im było przyzwyczaić się do Nawałki rygorystycznego i wymagającego. Nie zdążył zbudować takiej pozycji, jaką miał później w GKS Katowice czy Górniku Zabrze. Ale i zespół Wisły był trudniejszy do prowadzenia, złożony z piłkarzy doświadczonych i z sukcesami, piłkarzy, do których trzeba przemawiać w inny sposób niż do tych, którzy są na początku drogi. Takich prowadzić jest łatwiej, szybciej uwierzą, że jeśli tylko będą słuchać trenera, to doprowadzi ich do laurów.

Pytany, czy w Wiśle jest dla piłkarzy kolegą, czy raczej surowym szefem, Nawałka odpowiadał, że wyznaje zasadę demokracji kontrolowanej. Nie był przez nich odbierany jako ktoś tak stanowczy i suwerenny jak dziś.

– Wtedy nie powiedziałbym, że zajdzie tak daleko. Był spięty, nawet nerwowy. Próbował mieć charyzmę, ale pracował za krótko – ocenia Tomasz Frankowski, były gracz Wisły.

Zawodnicy są doskonałymi obserwatorami, wyczuwają każdą zmianę nastroju u trenera, niepewność czy nadgorliwość. A tak według wiślaków zachował się Nawałka podczas trzytygodniowego obozu we włoskiej Nursji w lutym 2000 roku. Pojechał jako asystent Kusty, wrócił, pomagając Łazarkowi.

Kusto nie miał mocnej pozycji jako trener i siły przebicia u Cupiała, a jego położenia nie poprawiły porażki w sparingach na zgrupowaniu. Miesiąc wcześniej, w styczniu 2000 roku, w klubie ponownie zjawił się Łazarek i rozpoczął pracę na stanowisku dyrektora sportowego, ale nie krył się z tym, że ma ochotę wrócić na ławkę Wisły. Poleciał do Włoch i tam szybciej, niż przypuszczał, nadarzyła się okazja do zmian. Przegrane w towarzyskich spotkaniach (m.in. z FK Homel 1:5, z Nationalem Bukareszt 0:2) spowodowały, że łatwiej mu było odsunąć Kustę. Przejęcie władzy odbyło się w kontrolowany, ale niezbyt elegancki sposób. Łazarek zaczął mieć po prostu coraz więcej do powiedzenia podczas treningów i sparingów w Nursji.

Kiedy piłkarze spostrzegli, kto tak naprawdę rządzi drużyną, zaczęli zastanawiać się, kto zostanie jego asystentem. I od początku było widać, że bliżej do Łazarka jest Nawałce niż Kuście. Nie spodobała im się zmiana jego zachowania, uważali, że niepotrzebnie nadskakuje nowemu trenerowi, aktorsko śmieje się z jego dowcipów, podczas gdy Kusto chodzi struty.

Kusto nie chciał rozmawiać na temat wydarzeń sprzed szesnastu lat.

Po powrocie do Polski oficjalnie ogłoszono, że Łazarek zostaje pierwszym trenerem Wisły, a Nawałka jego asystentem. Miał im też pomagać Kusto, ale po tym, co wydarzyło się we Włoszech, było jasne, że nieprzychylnie spogląda na nowego przełożonego. Po ponad miesiącu i porażce z Ruchem Radzionków (1:4) doszło do kolejnej zmiany trenera. Sezon dokończył Nawałka. Wisła finiszowała na drugim miejscu, nie udało jej się zdobyć Pucharu Polski, który trafił do Amiki Wronki.

Nawałka przepracował dwa miesiące i wrócił do koordynowania szkolenia młodzieży. Nowym szkoleniowcem został Orest Lenczyk, z którym dwukrotnie zetknął się w Wiśle jako piłkarz. Raz zdobył z nim mistrzostwo Polski, za drugim razem szkoleniowiec odsunął go od drużyny, tłumacząc to utratą zaufania. Łagodnie mówiąc, nie przepadali za sobą.

Lenczyk przedstawił się piłkarzom jako jeden z dwóch trenerów, którzy nigdy nie sprzedali meczu. Pierwszym był on, a drugiego nie znał. Od początku wytworzył się między nimi dystans. Piłkarze nie rozumieli trenera, on nie rozumiał ich.

Na obozie w Straszęcinie zbierał wszystkich o dziesiątej rano na wykłady i zdarzało się, że zamiast o piłce opowiadał o kulturze osobistej. Można było zrozumieć 16-letnich zawodników, których tego samego uczył Nawałka, ale widok 30-letnich mężczyzn słuchających rad, jak powinni układać sztućce na stole, nieco dziwił.

Przyzwyczajali się do jego barwnych porównań. Kiedyś odprawę zaczął od omówienia budowy pieca. Narysował go i zaczął tłumaczyć, co się z nim dzieje, kiedy się zepsuje i gdzie ulatnia się dym. Opowieść kończyła się morałem, że nie ma sensu go naprawiać, tylko lepiej kupić nowy. Nie mieli wątpliwości, że ta przemowa wymierzona jest w wiślackiego weterana Kazimierza Moskala.

O ile Nawałka przykładał wagę do dobrych relacji ze współpracownikami, co później pozwalało mu od nich wymagać więcej, o tyle Lenczyk dobrze czuł się jako samotny kapitan.

Na powitanie oświadczył Markowi Koniecznemu, kierownikowi drużyny, że jeżeli spotka się z nim za dwa lata, to chciałby nie mieć wątpliwości, że warto mu podać rękę. Innym razem zaczepił go po treningu.

– Czy ty wiesz, kto to Kennedy?

– No, były prezydent Stanów Zjednoczonych.

– Skrzypek, durniu. Przyjeżdża na koncert do Krakowa.

Dysonans między trenerem a zawodnikami na początku nie przekładał się na boisko. Lenczyk bardzo dobrze przygotował ich fizycznie do wysiłku i choć latem marudzili, że na zewnątrz jest ponad 20 stopni Celsjusza, a oni muszą w hali robić przewroty w przód i przerzucać manekiny, procentowało to na boisku.

– Oprócz świetnego przygotowania znaczenie mogło mieć to, że było mniej zajęć z piłką. Chłopcy, kiedy wychodzili na boisko, to aż było widać, że są jej spragnieni i zawzięcie za nią ganiali – opisuje Artur Sarnat, były bramkarz Wisły.

Mimo że Wisła od początku kręciła się w pobliżu pierwszego miejsca, Lenczyk nie dotrwał do końca sezonu. Zwolniono go po porażce z Widzewem (0:3) w osiemnastej kolejce. Biała Gwiazda prowadziła, mając trzy punkty przewagi nad drugą Legią. Jego miejsce zajął Nawałka.

Lenczyk uważa, że jego następca wraz z innymi kopał pod nim dołki.

– Pan Nawałka, pan Basałaj, pan Kapka i pan Iwan chodzili do pana Cupiała i mówili, że Lenczyka trzeba wyrzucić, bo z nim nie zdobędzie się mistrzostwa. A skąd wiem? Bo pan Cupiał mi powiedział.

Maciej Szczęsny, o którym nie można powiedzieć, że byłby zdeklarowanym zwolennikiem Nawałki, uważa, że w tamtym momencie ten trener był dla Wisły najlepszym rozwiązaniem.

– Lenczyk zanudzał nas długimi odprawami i przemyśleniami na temat życia, budowania domów od fundamentów, ale z dziurawymi kominami. Nawałka zaczął z nami rozmawiać jaśniej i prościej, a przede wszystkim tylko o piłce. Mieliśmy taki skład, że wystarczyło pokazać, że wierzy się nam jako zespołowi, być bardziej kumplem i dawać większe wsparcie niż Lenczyk.

Na finiszu sezonu 2000/01 rozpędzona Wisła nagle zaczęła jednak tracić impet. Zaczęło się od meczu ze Śląskiem Wrocław pięć kolejek przed końcem, który pechowo zremisowała, tracąc wyrównującego gola w 88. minucie. Z loży spotkanie oglądał Cupiał, a po meczu chciał porozmawiać z piłkarzami. Kiedy ci zeszli do szatni, ze zdziwieniem odkryli, kto na nich czeka. Rozsiedli się niepewni tego, co za chwilę się wydarzy. Prezes rozejrzał się po wszystkich i zapytał krótko:

– Co się stało?

Cisza. Zwrócił się do Nawałki.

– Adasiu, co się stało?

Stojący na środku szatni trener, niepewny i z rękami zajętymi ciągłym poprawianiem dresu, jakby to miało mu dodać odwagi, nic nie odpowiedział. Być może Cupiał miał dobre zamiary, zareagował jako kibic, który po prostu chciał wiedzieć, dlaczego jego drużyna nie wygrała. Ale autorytetu trenera tą wizytą nie podbudował.

Zapewne w desperackiej próbie jego ratowania Nawałka uznał, że musi walnąć pięścią w stół i na najbliższej odprawie oskarżył piłkarzy o ustawienie meczu. Zaraz się z tego wycofał, podkreślił, że nie wierzy, by którykolwiek z nich handlował punktami, ale przed spotkaniem z Ruchem dał wolne Tomaszowi Frankowskiemu i Radosławowi Kałużnemu. Aluzja była czytelna. Nawałka nie chciał jej potwierdzić, kiedy Frankowski przyszedł do niego na rozmowę.

– Masz żonę w ciąży, nie jesteś skupiony. Przyda ci się odpoczynek.

– Edyta urodzi za dwa tygodnie. Spokojnie, mogę zagrać – Frankowski próbował go namówić do zmiany decyzji. Bezskutecznie.

W Chorzowie wiślacy przegrali 1:2. Przed następnym meczem obaj urlopowani zostali przywróceni do składu.

Zawodnicy mogli przyglądać się przemianie, jaką próbował przechodzić Nawałka, i komentować zgryźliwie, że może za szybko chce założyć buty o rozmiar za duże, ale doceniali jego zaangażowanie w trening i przygotowanie. Pod tym względem trudno mu było cokolwiek zarzucić. W Wiśle, za przykładem swojego trenera z trampkarzy Lucjana Franczaka, poświęcał dużo uwagi treningom indywidualnym i konsekwencji w poprawianiu słabszych elementów. Ze swoim asystentem Andrzejem Iwanem zauważyli, że Marcin Baszczyński, ocierający się już o reprezentację, nie potrafi kopać lewą nogą. Nawałka uparł się, że go nauczą. Obrońca zostawał po treningach 20 minut i ćwiczył tylko lewą nogę. Postęp dostrzegli po kilku tygodniach.

Byli piłkarze, do których Nawałka szybko dotarł, np. Bogdan Zając czy Moskalewicz, ale też tacy, jak Frankowski czy Szczęsny, którzy nie obdarzyli go zaufaniem. Relacje z tym ostatnim pogorszyła rozmowa na zgrupowaniu w Nadarzynie dzień przed meczem z Legią. W klubie wrzało od kilku tygodni, bo piłkarze zaczęli potykać się na ostatniej prostej. We wcześniejszych czterech meczach pewnie zmierzająca po tytuł Wisła zdobyła punkt, co przywróciło nadzieje goniącym ją zespołom. Dzięki wypracowanej wcześniej przewadze karty wciąż były jednak w rękach wiślaków, którzy zwycięstwem w stolicy mogli zapewnić sobie mistrzostwo.

Nawałka, jak to miał w zwyczaju, spotykał się z piłkarzami w ich pokojach. Zapukał do drzwi Szczęsnego, podstawowego bramkarza Białej Gwiazdy.

Usiadł w fotelu, założył nogę na nogę.

– Maciek, nie zagrasz jutro. W bramce stanie Artek Sarnat.

Szczęsny roześmiał się. Najpierw potraktował to jako żart, a później test, bo poczuł, że jest sprawdzany przed istotnym meczem.

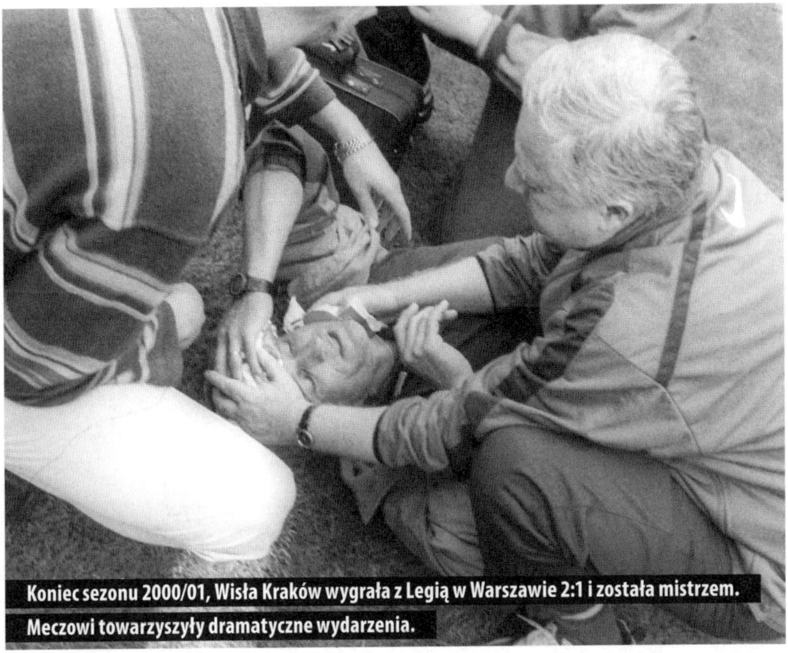

Koniec sezonu 2000/01, Wisła Kraków wygrała z Legią w Warszawie 2:1 i została mistrzem. Meczowi towarzyszyły dramatyczne wydarzenia.

– Usiądziesz na ławce. Broni Artek – powtórzył dobitnie Nawałka. Szczęsny zaczął wierzyć, że właśnie traci miejsce w składzie.

– Ale dlaczego?

– Muszę mieć pewność.

– Jaką pewność?

– Muszę mieć pewność...

Nawałka wyszedł z pokoju, zostawiając Szczęsnego z tysiącem myśli. O jaką pewność mu chodziło? Czyżby nie wiedział, że bramkarz wszystkie cztery mistrzostwa Polski zdobywał przy Łazienkowskiej, jednak nie wszystkie z Legią, bo po jednym z Widzewem Łódź i Polonią Warszawa? Mogło być piąte pod szczęśliwym adresem, ale tym razem usiadł na ławce.

Wisła z Sarnatem w bramce pokonała Legię 2:1 i zaczęła świętować tytuł już na boisku, co skończyło się nieprzyjemnie dla Nawałki. Jakiś kibic z trybuny krytej trafił go kamieniem w głowę. Sytuację – co sam przyznaje – mógł sprowokować kierownik jego drużyny, który schował pod marynarkę flagę Wisły. Po ostatnim gwizdku sędziego Konieczny ją wyciągnął i razem z Kamilem Kosowskim machali nią na murawie. To jeszcze bardziej rozjuszyło kibiców Legii. Wcześniej podpalili Żyletę, bili się z policjantami, a na koniec znokautowali Nawałkę, który długo leżał zakrwawiony.

Wisła wygrała ligę z dziewięcioma punktami przewagi nad Pogonią Szczecin i szykowała się do gry o Ligę Mistrzów. Trener coraz głośniej dopominał się o wzmocnienia, a dopytywany przez kibiców na czacie, powiedział, że „ciekawymi" zawodnikami są Marcin Mięciel, Paweł Drumlak, Arkadiusz Klimek czy Maciej Murawski.

Żaden z nich na Reymonta nie trafił. Cupiał zapowiedział, że nie spełni oczekiwań Nawałki, więc ten złożył dymisję. Razem z Michałem Probierzem są jedynymi trenerami, którzy podczas ponadosiemnastoletnich rządów tego biznesmena w Wiśle sami odeszli z zajmowanego stanowiska.

– Cupiał wykorzystał sytuację, żeby się go pozbyć. Po mistrzostwie miał kłopot, bo obiecał już pracę Smudzie i musiał zrobić dla niego miejsce. Adam zachował się honorowo, mógł przecież powiedzieć, że i bez wzmocnień chce pracować. Ciekawe, co wtedy zrobiłby Cupiał? – głośno myśli Andrzej Iwan.

Nowego trenera z otwartymi ramionami witał Szczęsny, który w rozmowie z dziennikarzem „Gazety Wyborczej" składał mu niemal hołd:

„Smuda to człowiek, któremu drużyna ufa i wierzy. Można powiedzieć, że Bóg zesłał go do Wisły. Medialnie jest w trudnej sytuacji. Nasi kibice głośno manifestują niechęć do niego. Wszystko dlatego, że mają złe informacje na temat tego, co naprawdę w klubie się dzieje. Apeluję do kibiców o rozsądek i powstrzymanie emocji. Niech dadzą »Franzowi« trochę czasu. Gdy Nawałka tłumaczył swoje odejście tym, że nas nie stać na więcej niż mistrzostwo Polski, poczuliśmy się trochę jak siódmy gatunek rabarbaru. Teraz postaramy się udowodnić, że razem ze Smudą możemy osiągnąć więcej".

Gdyby nawet Nawałka ocalił posadę, dostał i trzynastu zawodników, a nie trzech, jak się domagał, zapewne i tak odbiłby się od ściany w eliminacjach Ligi Mistrzów. Na drodze krakowian stanęła Barcelona.

We wrześniu 2006 roku ponownie wrócił do Wisły, ale tym razem został jej działaczem. Funkcję wiceprezesa ds. sportowych łączył z pracą dyrektora sportowego. Nadzorował Dragomira Okukę, ale w Krakowie coraz częściej powtarzano, że tylko czeka na okazję, żeby zająć jego miejsce. Jeśli spojrzeć na podobne historie, to widać, że zazwyczaj tak właśnie się kończyło – gdy trener zostawał dyrektorem sportowym i miał oceniać pracę innego trenera, zaraz go zastępował. Żeby nie szukać zbyt daleko, sześć lat wcześniej w podobnych okolicznościach władzę w drużynie Wisły przejął Łazarek.

Nawałka jednak konsekwentnie zaprzeczał, że o tym myśli. W ostatnich dniach listopada, przed meczem z Basel w Pucharze UEFA, na pytanie, czy jeśli drużynie się nie powiedzie, może ją przejąć, odpowiadał kategorycznie: – Nie ma takiej opcji. Na dzisiaj trenerem Wisły jest Okuka. On ma pełne poparcie zarządu. Nie

Adam Nawałka wśród kibiców Wisły Kraków, czyli chwile triumfu po mistrzostwie Polski dla Wisły w 2001 roku. Niedługo później trener złoży dymisję.

TS WISŁA

można zmieniać trenera co dwa miesiące. Kończymy z tym skakaniem z kwiatka na kwiatek.

Dwadzieścia dni później był jednak skok na kolejny kwiatek. Do Serba kierowano pretensje za niską pozycję w lidze, odpadnięcie z Pucharu UEFA i Pucharu Polski.

– Gdybym widział, że wysiłki trenera Okuki idą w dobrym kierunku, byłbym za jego dalszą pracą. Sprawy szkoleniowe w pierwszej drużynie nie wyglądały jednak dobrze, a to jest Wisła, nie jakiś mały klubik. Nie mogliśmy dłużej czekać – tłumaczył działacz Nawałka, który wyjął dres z szafy i z powrotem został trenerem.

To był już inny szkoleniowiec niż ten, który pracował w Wiśle pięć lat wcześniej. Powoli się zmieniał, dojrzewał jako trener, a jego rządy oddalały się od demokracji kontrolowanej i zbliżały do autokratyzmu. W kolejnych latach zwiąże się z nim na stałe.

Podróż na zimowe zgrupowanie w Turcji zajęła wiślakom niemal cały dzień. Wyczerpani dotarli do hotelu trzydzieści minut po północy. Kiedy odbierali klucze z recepcji i marzyli już tylko o śnie, odezwał się Nawałka:

– Pobudka o 6.30, a o 6.45 bieganie.

– Przepraszam, o której? – Baszczyński chciał się upewnić, czy dobrze usłyszał.

– Kurwa, co w tym dziwnego? Pobudka o 6.30.

Konieczny jako kierownik drużyny mierzył się z jego zaostrzonymi wymaganiami. Przeżył w Wiśle siedmiu czy ośmiu trenerów, ale jak mówi, tak zorganizowany jak Nawałka był tylko Dan Petrescu. Dla tego szkoleniowca, i to się nie zmieniło, najważniejsi byli piłkarze, pod nich wszystko musiało być ułożone. Kiedyś przed odlotem samolotu czarterowego jako pierwsi na pokład weszli członkowie rodziny Cupiała i ludzie z Tele-Foniki, a na końcu zawodnicy. Konieczny zwrócił im uwagę, że powinno być odwrotnie, bo to dzięki piłkarzom mogą gdziekolwiek lecieć.

– Świetnie zareagowałeś – pochwalił go Nawałka.

Za cel postawił sobie uporządkowanie kadry Wisły, w której zastał 37 zawodników. Na listę transferową wpisał dziewięciu z nich. Zapowiadał więcej szans dla młodzieży, sprzeciwił się odejściu Adama Kokoszki do Zagłębia Lubin i Patryka Małeckiego. Wisła zimowała na piątym miejscu ze stratą pięciu punktów do lidera z Bełchatowa. Podczas przygotowań Nawałka, co będzie do niego niepodobne w przyszłości, sam narzucił sobie oficjalne wyzwanie – zobowiązał się do mistrzostwa Polski.

Być może wymagała tego sytuacja w przyzwyczajonym do zwyciężania środowisku Wisły, a może chciał przypodobać się kibicom, wciąż z dystansem patrzących na jego nominację, i pokazać, że jest godny ich zaufania.

Od tamtej pory zacznie już jednak unikać deklaracji, bo wie, że wracają jak karma, zwłaszcza te niezrealizowane. Wyciągnął wnioski z trzeciego epizodu wiślackiego.

Jednym z tych, którzy mieli pomóc w zdobyciu tytułu, był Tomasz Dawidowski, wcześniej trapiony przez kontuzje. W klubie coraz głośniej na niego psioczono, bo wysoki kontrakt nie przekładał się na jego pobyt na boisku. Nawałka zaprosił go na rozmowę.

– Atak Dawidowski–Brożek to jest to! Podbijecie ligę! – jak zwykle kipiał energią i starał się zarazić nią Dawidowskiego, żeby zaraz teatralnie ściszyć głos.

– Musisz tylko zrezygnować z części kontraktu. Wiesz, nie grałeś za dużo, z góry naciskają, żeby zmienić umowę. Pieniądze będziesz dostawał za rozegrane mecze.

Dawidowski odmówił przyjęcia tych warunków. Usłyszał od trenera, że w takim razie przesuwa go do drugiej drużyny. Rozpoczął przygotowania z rezerwami, nie wiedział, że treningi z ukrycia ogląda Nawałka. Obserwował, jak Dawidowski podchodzi do zajęć, czy jest obrażony. Po tygodniu piłkarz znów był w jego gabinecie.

– Serce mi się kraje, gdy ty tam jesteś. Wracasz do pierwszej drużyny, jedziesz z nami na obóz – zdecydował.

W kwietniu w Wiśle przeskoczono na kolejny kwiatek. Jako powód zwolnienia Nawałki podawano brak odpowiedniego stylu drużyny. Rundę piłkarze zaczęli efektownym wyjazdowym zwycięstwem 4:0 nad Górnikiem Zabrze, ale potem już tylko remisowali. Po piątym z kolei remisie trener stracił pracę. O mistrzostwie nikt już głośno przy Reymonta nie mówił.

Na początku 2013 roku Nawałka mógł po raz czwarty zostać trenerem Wisły, ale postawił warunek, że zabiera z Górnika Zabrze cały sztab szkoleniowy, łącznie z masażystami. Był już po współpracy z Leo Beenhakkerem i wiedział, ile zgrany i sprawnie działający organizm wokół zespołu może mu pomóc, i nie zamierzał z nikogo rezygnować. Dla szefów Wisły oznaczało to wydatek zdecydowanie większy, niż zakładali, i przestraszyli się kosztów. Zamiast Nawałki od nowego sezonu szkoleniowcem został Franciszek Smuda. Zabrał ze sobą Marcina Broniszewskiego, wymienił trenera bramkarzy, a Kazimierz Kmiecik już był w klubie.

ROZDZIAŁ XIX

Waterloo

Kłopoty upatrzyły sobie Adama Nawałkę od początku pracy w Lubinie. Kiedy dostrzegł zagrożenie, było już za późno. Skłócona drużyna Zagłębia podzieliła się na dwa obozy. W szatni można było postawić słup graniczny i nikomu by to nie przeszkadzało.

Trener, starając się jeszcze ratować sytuację, zaprosił wszystkich na ognisko. Tam, z dala od boiska i piętrzących się problemów, piłkarze mieli rozpocząć pojednanie i wyjaśnianie nieporozumień. Ale już tam Nawałka musiał zrozumieć, że rozłam jest jednak zbyt wielki i w zasadzie nie do pokonania.

Dwa stoły, przy których rozsiedli się zawodnicy, odwzorowywały mapę podziałów. Przy jednym ci, którzy grali w Zagłębiu przed przyjściem trenera, a przy drugim piłkarze sprowadzeni przez niego przed sezonem, głównie z Wisły Kraków.

Prezes Zagłębia Jerzy Koziński ciekawy, jak przebiega integracja, dotarł na spotkanie po godzinie. Kiedy spojrzał na dwie zwaśnione grupy i dwa stoły, machnął ręką na to wszystko i powiedział głośno, ale tak, żeby wszyscy słyszeli:

– Chuj będzie z tej integracji.

Ten rozdział jest o tym, że nadmiar pieniędzy też może szkodzić.

Cofnijmy się o dwa miesiące, kiedy piłkarze jeszcze nie musieli wspólnie piec kiełbasek. Jest czerwiec 2002 roku. Reprezentanci Polski przekonywali się w dalekiej Korei, jak bardzo uciekł im świat przez szesnaście lat, kiedy zaproszenia na wielkie turnieje trafiły do innych. Za to w Lubinie szefowie KGHM, właściciela Zagłębia, zamierzali zerwać z przeciętnością. Zaczęło ich uwierać zwiedzanie dołów tabeli, a zamarzyły się im europejskie puchary. Dziennikarzom tłumaczono, że klub takiego potentata jak Polska Miedź nie może być gorszy od zespołu fabryki kuchenek (Amica Wronki) czy siedzeń samochodowych (Groclin Grodzisk).

Nowy przewodniczący rady nadzorczej klubu Wiktor Błądek nie gryzł się w język, kiedy kreślił wizję na najbliższe lata.

– Chcę, żeby w Lubinie powstała drużyna tak potężna, jak potężne jest KGHM. Pieniędzy nie powinno zabraknąć. Po co je wydawać na jakiś tenis i inne historie? Lepiej stworzyć bardzo mocny futbol i... dać łupnia Legii oraz Wiśle.

Ambitne plany miał zrealizować Nawałka, perspektywiczny trener, który zwrócił na siebie uwagę w Wiśle Kraków, ale nie został tam doceniony. Zdobyte mistrzostwo Polski niewiele zmieniło. Już krótko po nim, latem 2001 roku, Nawałka mógł trafić do Lubina. Na jego przyjściu zależało przewodniczącemu rady nadzorczej Zagłębia Jackowi Kardeli, ale szefowie Wisły nie zgodzili się na rozwiązanie kontraktu i oddelegowali szkoleniowca na odcinek, na którym widzieli go najchętniej – w szkoleniu młodzieży. Nawałka przez kolejny rok łudził się, że jeszcze pozwolą mu wykazać się jako pierwszemu trenerowi Wisły, ale kiedy trzyletni kontrakt podpisał Henryk Kasperczak, przestał wierzyć, że w planach Bogusława Cupiała zajmuje istotne miejsce.

Przed złożeniem mu oferty szefowie KGHM zwrócili się do Oresta Lenczyka, ale doświadczony trener był związany z Ruchem Chorzów i nie mógł przyjąć ich propozycji. Nawałka jeszcze raz więc wybrał się do przełożonych w Krakowie i tym razem był bardziej przekonujący w namawianiu ich do skrócenia umowy.

To zadziwiające, że jako – mimo wszystko – początkujący szkoleniowiec dostał w Zagłębiu tak wielkie możliwości. Z KGHM popłynęła rzeka pieniędzy, a on wskazywał piłkarzy, na których wydawano miliony złotych. Nawet ligowi potentaci nie poruszali się po rynku transferowym z taką swobodą i nie działali z podobnym rozmachem.

Nawałka postawił na sprawdzonych zawodników, tych, z którymi pracował w Krakowie. Razem z nim przyszli Olgierd Moskalewicz, Bogdan i Marek Zającowie, wykupiono również wypożyczonego wcześniej z Wisły Grzegorza Nicińskiego. Oprócz nich zespół wzmocnili Artur Andruszczak, Jarosław Krupski i Paweł Drumlak, o którego w staraniach Zagłębie przebiło Amicę i PAOK Saloniki.

– Rozmowy w Zagłębiu to była wielka przyjemność. Jeszcze nigdy nie uzyskałem z działaczami porozumienia tak szybko – cieszył się Drumlak po podpisaniu kontraktu.

Trzon drużyny mieli stanowić piłkarze odrzuceni z Wisły, z podrażnioną ambicją i mający coś do udowodnienia. Koziński tłumaczy, na czym opierał się pomysł Nawałki:

– W polskiej piłce widzieliśmy już podobny przypadek zakończony sukcesem. W latach 70. niechciani w ŁKS piłkarze, tacy jak Gapiński,

W Zagłębiu Lubin Adam Nawałka miał stworzyć zespół na miarę europejskich pucharów. Pomóc miał mu w tym bramkarz Jarosław Krupski. Na planach się skończyło.

uhlsport
CANAL+
KGHM

Surlit, Kostrzewiński czy Chodakowski odeszli do lokalnego rywala. Narodził się wielki Widzew, który rozbijał się po Europie i eliminował oba Manchestery, Liverpool czy Juventus.

Koziński objął funkcję prezesa krótko przed przyjściem Nawałki, ale to nie on negocjował z nim warunki zatrudnienia. Wcześniej wezwał go Stanisław Speczik, szef KGHM.

– Chcesz być prezesem?

– Chcę.

– Ale pamiętaj, jesteś czwarty, jeśli chodzi o decyzje. Po mnie, Kubackim i Błądku (prezesi i dyrektorzy KGHM – przyp. Ł.O.), ale pierwszym, jeśli chodzi o odpowiedzialność. Bierzesz to?

– Muszę się zastanowić.

Wkrótce ogłoszono, że został prezesem.

Z ramienia KGHM w sprawy klubu najmocniej angażował się Błądek, dyrektor techniczny kopalni Rudna, były prezes sekcji bokserskiej Zagłębia. Po Lubinie krążyła anegdota, jak w czasie ligowego meczu bokserów, widząc, że rywal brutalnie okłada jego zawodnika, podbiegł do trenera.

– Weź go wymień na innego, bo ten do trzeciej rundy nie dotrwa.

Innym razem, już kiedy Nawałki nie było w klubie, a drużynę prowadził Wiesław Wojno, Błądek razem z innymi VIP-ami oglądał mecz na starym stadionie Zagłębia z wysokości piątego piętra – z tzw. jaskółki. Mocno irytował się zagraniami Ireneusza Kowalskiego, w końcu nie wytrzymał. Zawołał Kozińskiego.

– Jurek, zadzwoń do Wojny, żeby zdjął tego Kowalskiego.

Prezes odszedł na bok i udał, że dzwoni.

– Nie odbiera.

– To idź tam na dół i powiedz mu, żeby zdjął Kowalskiego.

Koziński nie miał zamiaru tego robić, ale przezornie zniknął z oczu Błądka. Wrócił, kiedy Wojno sam uznał, że warto zmienić pomocnika Zagłębia. Po akcji, w której lubinianom udało się wymienić kilka podań, Błądek triumfalnie obwieścił zebranym:

– Widzicie, jak idzie bez tego Kowalskiego.

Nawałka na początku miał u niego mocną pozycję. Trener nauczył się poruszać po krętych korytarzach w KGHM i wiedział, do pokoju którego prezesa zapukać, żeby wywalczyć swoje. Kiedy trzeba było coś załatwić dla zespołu, a Koziński twierdził, że się nie da, Nawałka omijał go i szedł na kawę do Błądka. Z reguły swój cel osiągał.

– Jurek, pomóż tam trenerowi z jedną sprawą, musisz to zrobić – po godzinie słyszał Koziński przez telefon.

Nie miał pretensji, nawet spodobała mu się ta zaradność trenera. Kiedy Nawałka w podobny sposób zaczął załatwiać sprawy kilka lat później w Zabrzu, prezesi Górnika już nie byli tak zadowoleni.

Inauguracja sezonu wszystkich w Lubinie wprowadziła w euforię. Zagłębie, z pięcioma nowymi zawodnikami w składzie, rozniosło Pogoń Szczecin 5:0. Po efektownym zwycięstwie przez tydzień z dumą patrzono na tabelę i lidera. Fantazja dostała pokarm.

– Jeśli ktoś zadowoli się mistrzostwem Polski, niech wyjdzie z szatni – przestrzegał piłkarzy zaraz po meczu Nawałka, a pomocnik Jarosław Krzyżanowski mówił dziennikarzom o cichym celu, jaki mają do zrealizowania z kolegami.

Radość szybko jednak zaczęły zastępować rozczarowanie i złość. Po imponującym otwarciu Zagłębie przegrało pięć meczów z rzędu w lidze, w tym jeden szczególnie ważny dla trenera i jego zaciągu – 1:4 u siebie z Wisłą Kraków.

– Nawałka, buble sprowadziłeś! Zróbcie sobie kanapki na drogę i wynoście się stąd! – niosło echo okrzyk kibica na pustym stadionie w Lubinie po porażce z Odrą Wodzisław.

W czasach, kiedy Nawałka pracował w Zagłębiu, rozszalała korupcja zbierała plony, a ligą rządzili sędziowie, którzy czuli się już tak bezkarni, że niespecjalnie kryli się z wyciąganiem rąk po łapówki. W Lubinie działacze nieraz słyszeli pytania, czy mają pieniądze, a sędziowie w zamian zaopiekują się ich zespołem. W Zagłębiu zdecydowano, żeby nie korzystać z takiej pomocy.

Szefowie klubu uznali, że nie po to wydawali tyle pieniędzy na piłkarzy i że mają na tyle mocny skład, by jeszcze podpierać się ustawianiem meczów. Andrzej Iwan, asystent Nawałki w Zagłębiu, pamięta, jak po jednym ze spotkań obserwator Krzysztof Perek narzekał, że w Lubinie nie mają pięciu tysięcy złotych na sędziego.

Koziński należał do prezydium PZPN i sugerował sędziom, że jeśli będą się na nich mścić za odmowę, w każdej chwili może zadzwonić do prezesa związku Michała Listkiewicza. Po tym jak nabrał dość poważnych wątpliwości, a w zasadzie był przekonany, że arbiter oszukał ich w meczu z GKS Katowice, wybrał jego numer.

– Wiesz, każdy prezes po porażce mówi, że mu sędzia źle gwiżdże... – Listkiewicz nie złapał tematu.

Koziński już wiedział, że ten kanał nie zadziała. Mimo to w Zagłębiu pozostali konsekwentni i nie płacili dodatkowo sędziom. Akurat w tym sezonie, bo z akt prokuratury we Wrocławiu wynika, że w kolejnych nie mieli takich oporów.

Problemy z sędziami to jedno, ale groźniejszy dla drużyny okazał się konflikt zżerający ją od środka i powodujący, że piłkarze nie tworzyli zespołu, tylko zlepek indywidualności. W środku wewnętrznego kryzysu trenerzy przestali organizować gierki na treningach z obawy, żeby skonfliktowani zawodnicy nie zrobili sobie nawzajem krzywdy.

Kontrakty tych sprowadzonych przez Nawałkę wzniosły ich na szczyt listy najlepiej zarabiających w drużynie. Mieli pensje dwa albo nawet trzy razy wyższe od pozostałych, którym trudno było to zaakceptować. Konflikt zaczął się tlić, nim na dobre się poznali. Iskra wznieciła pożar, kiedy z klubu, zapewne nieprzypadkowo, wyciekły umowy wszystkich nowych piłkarzy: Niciński miał dostawać 100 tysięcy złotych rocznie, B. Zając – 120 tysięcy, M. Zając i Krupski – po 150 tysięcy, Moskalewicz – 300 tysięcy, Drumlak – 700 tysięcy.

Następnego dnia gazetę z wydrukowanymi zarobkami trzymali w rękach inni piłkarze Zagłębia. Los tej drużyny został przesądzony.

– Gdybyśmy my dostali takie pieniądze, dołączyłoby dwóch, może trzech zawodników, to ten stary zespół grałby o mistrzostwo – uważa dziś Arkadiusz Klimek, były piłkarz Zagłębia.

Rok wcześniej Nawałka myślał o nim w kontekście wzmocnienia Wisły, ale spotkali się dopiero w Lubinie. Klimek będzie jednym z tych, którzy najgłośniej zakwestionują układ sił w Zagłębiu.

Minęło czternaście lat, a Klimek nadal ma do Nawałki wiele uwag.

– Nie było atmosfery, nie było chemii, nie było rywalizacji. W okresie przygotowawczym widzieliśmy, że trener wybrał już swoją jedenastkę i tylko na niej się skupia. Ćwiczył z nimi na jednej części boiska, a my obok z Andrzejem Iwanem. Dziwnie to wyglądało. Nawet nie mieliśmy jak mu się pokazać, bo kiedy już wspólnie trenowaliśmy, to głównie szlifowaliśmy taktykę. Gierki trwały może kilka minut. To, że trener podzielił zawodników, przeniosło się na relacje między nami. Myślę, że później tego żałował. Kiedy zaczął przegrywać, zmieniał skład, ale nic nie wypaliło. Za daleko już to wszystko zaszło.

Nawałka szukał pomysłów, jak zbudować jedność. W przerwie na mecze reprezentacji zespół wyjechał do ekskluzywnego ośrodka KGHM w Szklarskiej Porębie. Tam odwiedził ich Koziński.

Ponieważ po porażkach atmosfera wokół klubu zgęstniała do tego stopnia, że można było zawiesić topór, prezes wymyślił wybieg, żeby ją rozrzedzić i uspokoić kibiców, którzy mieli coraz więcej pretensji, a ich złość skumulowała się na nowych graczach. Koziński zaproponował, żeby tym, którzy dołączyli do drużyny przed sezonem, obciąć 50 procent z pensji zapisanej w kontraktach. Ci na początku nie chcieli się zgodzić.

– To tylko do czasu pierwszego wygranego meczu. Wygracie, dostaniecie pieniądze z powrotem – przekonywał ich Koziński, ale napotkał opór. W końcu zaczęli się łamać.

– Dobra, walniemy jednych, drugich. Odzyskamy te pieniądze.

– I o to chodzi – zakończył zadowolony z siebie Koziński.

Przed najbliższym treningiem, może dla żartu, ale raczej ze złości, napisali flamastrem na piłkach: minus 50 procent.

Zagłębie zawodziło, niecierpliwili się prezesi KGHM. Rachowali prosto: skoro wyłożyli pieniądze, miał być wynik. A wyniku nie było.

Przed meczem z Widzewem trener dostał ultimatum. Musiał wygrać. Bezbramkowy remis nikogo nie przekonał, następnego dnia przedstawiono Wiesława Wojnę jako jego następcę.

Błądek tłumaczył, że jedynym zarzutem, jaki może mieć wobec odchodzącego trenera, jest „zbyt miękkie podejście do zawodników".

Koziński obrusza się, gdy słyszy tę opinię, i mówi, że to nieprawda. Według niego nie zadziałała koncepcja wymyślona przez Nawałkę, a jego podejście do piłkarzy nie miało znaczenia. Po prostu nie udało mu się połączyć dwóch odrębnych członów w jeden organizm. Części zawodników ze starego składu przeszkadzało, że z pierwszoplanowych postaci stali się rezerwowymi.

Z dziewięciu meczów w lidze Zagłębie pod rządami Nawałki wygrało dwa. Trzy razy więcej przegrało. Zostawił drużynę na przedostatnim miejscu. W czerwcu 2003 roku po barażach z Górnikiem Łęczna lubinianie spadli z ekstraklasy. Z sześciu graczy sprowadzonych przez niego w kolejnym roku w klubie nie było już żadnego. W feralnym sezonie pracowało po nim jeszcze dwóch trenerów – Wojciech Wojno i Adam Topolski – ale utarło się, że to Nawałka odpowiada za spadek. Może to wynikać z rozgłosu, jaki towarzyszył jego przyjściu – obiecujący trener, wielka władza i miliony złotych do wydania.

W żadnym innym klubie nie poniósł takiej klęski jak w Zagłębiu. Przeżył trenerskie Waterloo, przekonał się, że nie może pozostawiać piłkarzy samym sobie, a jeśli widzi zalążek problemów, to jego obowiązkiem jako trenera jest reagować natychmiast i stanowczo. Krótko po remisie z Widzewem, który okazał się ostatnim meczem Nawałki w nieudanym podejściu do Zagłębia, w Warszawie jedną z najdotkliwszych porażek w karierze trenerskiej poniósł jego kolega z kadry Zbigniew Boniek, którego reprezentacja sensacyjnie przegrała z Łotwą. Selekcjoner poprowadził ją jeszcze w dwóch spotkaniach i podał się do dymisji. Przegrana z Łotyszami nie pozostała bez znaczenia.

Bolesne niepowodzenia jako trenerów tych, którzy dziś są najważniejszymi osobami w polskiej piłce, dzieliło sześć dni. Różnili się tym, jak na nie zareagowali. Boniek po dymisji już nie wrócił na ławkę i zajął się tym, co wychodziło mu lepiej, czyli ponownie został działaczem, za to Nawałka nie zamierzał zrezygnować z drogi, na jaką zdecydował się w 1995 roku, kiedy opuszczał mury warszawskiego AWF z dyplomem trenera II klasy. Porażką w Lubinie na pewno mocno ją sobie skomplikował, bo nie licząc epizodu w Wiśle, powrót do ekstraklasy zajął mu osiem lat.

Droga do odkupienia prowadziła przez Nowy Sącz i III-ligową Sandecję. Potrzebował takiego klubu, żeby się odbudować. – Jego ambicją był awans. Spotkaliśmy się, pytał, jak widzę rolę klubu, chciał poznać plany zarządu i wiedzieć, czy też myślimy o awansie – opowiada Kazimierz Sas, prezes biało-czarnych.

Nawałka szybko przekonał się, że mógł jednak wybrać lepsze miejsce, bo w targanym kłopotami finansowymi klubie od początku brakowało pieniędzy na wypłaty dla zawodników. Skończyło się tak, że trener pożyczał działaczom na odżywki i lekarstwa.

Kiedy jesienią 2003 roku Sas namawiał rodzinę Koralów, producentów znanych lodów, na inwestycję w klub i spotkał się z odmową, stało się jasne, że trener będzie mieć ograniczone możliwości.

Nawałka zaczął układać zespół po swojemu. I znów, będzie to powtarzać się wszędzie, gdzie pracował, stanie na głowie, żeby zapewnić zawodnikom jak najlepsze warunki do trenowania.

– Nie wiem, jak on to zrobił, ale w Sandecji powiało zawodowstwem. Wcześniej był problem nawet z piłkami. On załatwił nowe, wyjechaliśmy też na obóz i ćwiczyliśmy na dobrych boiskach – mówi Janusz Świerad, były kapitan

Sas pamięta, że Nawałka miał sprecyzowane oczekiwania.

– Zaskoczył nas perfekcjonizmem i zorganizowaniem, no i tym, że stronił od alkoholu. U innych trenerów zdarzały się imprezy, picie. U Adama nigdy. Nie powiem, że w polskich warunkach to aberracja, ale na pewno inność – porównuje były prezes Sandecji.

Włodzimierz Chełmecki jest gospodarzem na stadionie w Nowym Sączu. Pogodny, bezpośredni i zaradny. Kiedy pięć lat temu usłyszał, że w klubie nie ma pieniędzy na ciągnik do pielęgnacji murawy, zaproponował, że będzie po niej jeździć maluchem i doczepiać specjalistyczny sprzęt. Bo tani, mało pali i nie wyrywa trawy. Nawałce to by się spodobało. Tak jak Chełmeckiemu podobało się, że trener dbał o innych pracowników klubu.

– Pamiętam obóz dochodzeniowy na naszych obiektach. Dla pań w pralni oznaczało to dodatkową pracę i więcej godzin spędzonych w klubie. Sprzęt musiał być przecież gotowy na kolejny dzień. Nawałka nosił im obiady do pralni, żeby coś zjadły – odgrzebuje w pamięci Chełmecki.

W siedzibie Sandecji niewiele się zmieniło od czasu, kiedy codziennie rano pojawiał się w niej Nawałka. Na ścianach w holu wiszą zdjęcia z najpiękniejszych chwil w historii 116-letniego klubu. Nie ma śladu po selekcjonerze. Bo i chwalić się nie ma za bardzo czym. Z Nawałką na ławce Sandecja zajęła dwunaste miejsce.

– Wynik był gorszy od gry. Zmienialiśmy ustawienie zespołu na to z czterema obrońcami. Na początku nam nie wychodziło, nie byliśmy przygotowani. Ale z każdym tygodniem to się poprawiało. Gdyby został, wyniki byłyby lepsze – zapewnia Świerad.

Dziś jest asystentem trenera pierwszego zespołu. Mówi, że wybrał ten zawód między innymi dzięki Nawałce.

– Pokazał, ile trener może nauczyć. Organizował zajęcia wyrównawcze dla młodych zawodników. Sam dorzucał piłkę, instruował, jak układać nogę postawną. Sadzałem dwuletnią córkę do wózka i szedłem na taki trening, żeby się przyglądać. Kiedy odchodził, to najbardziej było mi żal właśnie tej młodzieży, że już nie będzie z nim pracować.

Jednym z tych, którzy dostawali korepetycje od Nawałki, był Maciej Korzym.

– Poświęcał nam bardzo dużo uwagi. Nie skończyłem jeszcze 16 lat, a już trenowałem z pierwszą drużyną – wspomina.

Nawałka przepracował sezon w Sandecji. Powtarzał, że cały czas trzeba się kształcić, bo nigdy nie wiadomo, gdzie los go rzuci. Traktował pracę w Nowym Sączu poważnie, ale prezesi wyczuwali, że marzy o wyższej lidze.

Wkrótce dostał tam szansę. W Białymstoku kibice coraz głośniej dopominali się awansu Jagiellonii do ekstraklasy. Wybrano Nawałkę, żeby zmierzył się z ich oczekiwaniami.

Rozdział XX

Białystok

W Białymstoku wzmagała się tęsknota za ekstraklasą. Jagiellonia pożegnała się z nią w 1993 roku, a rozstanie mocno się wydłużyło. Żółto-czerwoni zdążyli nawet zahaczyć o czwartą ligę. W sezonie 2004/05 powoli przygotowywano się na Podlasiu do szturmowania wrót tak długo dla nich niedostępnych. Drużyna jednak wystartowała fatalnie, szybko zdymisjonowano Witolda Mroziewskiego.

Dyrektor generalny Jagiellonii, a w przeszłości piłkarz Wisły Kraków Wojciech Sularz jako jego następcę wskazał Adama Nawałkę i przekonał do niego udziałowców klubu.

Mroziewski od dawna, a może i od początku pracy w Białymstoku, nie miał mocnej pozycji w klubie. W końcówce poprzedniego sezonu Jagiellonia podejmowała Polar Wrocław.

– Idź i mu powiedz, niech zdejmie Kośmickiego! – krzyczał wiceprezes Wiesław Wołoszyn do dyrektora klubu Artura Kapelki. Kiedy poszedł wykonać polecenie, Wołoszyn ruszył za nim. Stanął obok ławki rezerwowych, poprosił szkoleniowca na bok i coś mu tłumaczył.

– Nie będzie trenerem za takie numery – wściekał się wiceprezes po powrocie na swoje miejsce. Wkrótce Marcina Kośmickiego nie było już na boisku.

Po meczu Mroziewski bagatelizował zajście.

– Prezes przekazał mi tylko ważne informacje z ligowych boisk.

Nawałka wkraczał na trudny dla trenerów teren, w zasadzie jeden z najtrudniejszych w Polsce, gdzie działacze do dziś lubią wiedzieć, co dzieje się w drużynie i ewentualnie szepnąć dwa–trzy zdania o swojej koncepcji składu. Żaden szkoleniowiec w tym klubie, nawet Michał Probierz osiągający z Jagiellonią historyczne sukcesy, nie miał tam jednak takiej pozycji, jak przyszły selekcjoner. Być może udało mu się ją osiągnąć również dlatego, że w klubie nie było jeszcze Cezarego Kuleszy, dzisiejszego prezesa, znanego z rządów twardej ręki.

Niewątpliwie równie dobrze jak na boisku Nawałka czuje się w zaciszu klubowych i nie tylko klubowych gabinetów. Wie, jak się po nich poruszać, do kogo się uśmiechnąć, z kim wypić kawę. Z racji swoich wymagań, wykraczających poza standardowe zachcianki innych trenerów, zawsze musi mieć kogoś na górze, kto poprze go w decydującym momencie i przyspieszy załatwienie tego, czego chce. W Białymstoku przeciągnął na swoją stronę wszystkich działaczy, wpatrzonych w niego i słuchających, co powie.

Zmiana trenera w tamtym sezonie okazała się dobrym pomysłem. Do końca jesieni jagiellończycy z Nawałką na ławce ani razu nie przegrali i po cichu mogli myśleć o awansie. Do gwarantującego go miejsca tracili siedem punktów.

Byli piłkarze Jagiellonii mówią o początkach współpracy z tym trenerem:

Jacek Chańko: W pierwszym sezonie byliśmy nim zachwyceni. Wniósł do drużyny uśmiech, pozytywne podejście, poprawił atmosferę. Zaimponował tym, jak o nas walczył, wynegocjował premie. Zaangażowania wymagał od wszystkich – od siebie, piłkarzy, działaczy.

Paweł Sobolewski: Mieliśmy skoncentrować się tylko na graniu. Wszystko miało być podporządkowane zawodnikom. Zapewniał najlepsze boiska do trenowania, najlepsze warunki. Dbał o to, byśmy nie mieli na co narzekać, nie szukali wymówek.

Łukasz Nawotczyński: Wiadomo, jakie są zimy w Białymstoku. Mroźne i długie. Pojawił się kłopot ze znalezieniem boiska do trenowania. Nawałce udało się dogadać ze strażą graniczną czy wojskiem i trenowaliśmy na ich obiekcie. Wcześniej zamówił tony piasku, żeby go tam wysypać. W poszukiwaniu zielonych płyt jeździliśmy też do Płocka czy Grodna. Podczas podróży na Białoruś dłużej staliśmy na granicy, niż trwała jazda, ale najważniejsze były odpowiednie boiska.

Chańko: Pamiętam obóz w Niemczech. Na miejscu okazało się, że zamiast hotelu jest gospodarstwo agroturystyczne, nieopodal pasły się krowy. Nawałka się wściekł. Bez względu na koszty kazał zmienić ośrodek.

Remigiusz Sobociński: Kiedyś w stołówce czekały na nas zimne naleśniki. Zdenerwowany trener wpadł do kuchni, krzycząc: „Jak zawodnicy mogą mieć zimny posiłek?!". Po dziesięciu minutach wszystkie były już ciepłe.

Nawotczyński: Dzwonił w niedzielę, zapraszał na obiad. Po meczach wszyscy szliśmy na kolację, przychodziły też nasze dziewczyny lub żony. Rodzinnie było.

Sobolewski: Dużo czasu poświęcał na indywidualne zajęcia. To dzięki niemu trafiłem do ekstraklasy. Przekazał mi najwięcej ze wszystkich trenerów. Ukształtował, pokazał, jak poruszać się po boisku, zmienił podejście do zajęć i meczów. Zaangażował się, by nam pomóc.

Przemysław Kulig: Zadzwonił wieczorem i kazał oglądać mecz ligi francuskiej. Miałem przyglądać się grze obrońców, analizować ich ruchy. Zależało mu na tym, żebym się poprawił.

Nawotczyński: Chciał, żebyśmy odpowiednio prezentowali się jako drużyna. We Wranglerze załatwił jednakowe dżinsy, koszule i buty dla wszystkich. Stały się naszymi wyjściowymi strojami. Jak do klubu miały przyjść koszulki meczowe, to sam decydował, kto w jakim rozmiarze będzie grać. Podobała mu się wtedy AS Roma, jej piłkarze jako jedni z pierwszych w Europie występowali w obcisłych koszulkach. I my też tak wychodziliśmy na mecze, trener podał nasze mniejsze rozmiary. Inne drużyny miały stroje jak strachy na wróble, a my slim fit.

Adam Nawałka w trakcie treningu z piłkarzami Jagiellonii Białystok.

Kulig: Po wyjściu na boisko w głowie dźwięczały jego ostatnie słowa z odprawy: „Ma być ból, pot i krew". Wszystko mógł znieść, ale nie pozorantów, którzy odstawiali nogę.

Chańko: Nawet gdy w szatni fruwały butelki, tłumaczyliśmy sobie: „Zależy mu, stąd te nerwy". Rzadko spotyka się takiego pasjonata.

Nawotczyński: Śmialiśmy się, że przed meczem musi brać witaminę B12 i stąd u niego tyle energii.

Jagiellonii nie udało się dogonić czołówki. Sezon skończyła na szóstym miejscu. Ale jej właściciele dostali sygnał, że kurs na powrót do ekstraklasy jest właściwy, a Nawałka to odpowiedni nawigator.

Latem 2005 roku miał w klubie taką pozycję, że nikt nie mógł jej zakwestionować. Dostał od przełożonych nieograniczoną władzę, spełniano jego niemal wszystkie zachcianki – zagraniczny obóz, odżywki dla piłkarzy, siłownia blisko stadionu. Nawałka mówił, działacze realizowali.

I znów, tak jak w Lubinie, choć z mniejszymi możliwościami finansowymi, wskazywał zawodników, których potrzebuje. Wcześniej przyszedł Roberta Kolasa (32 lata), do niego dołączyli m.in. Arkadiusz Kubik (33 lata), Andrzej Krzyształowicz (34 lata), Remigiusz Sobociński (31 lat) i Adam Kompała (32 lata). Narzekających, że sprowadza wiekowych piłkarzy, zbywał argumentem, że drużynie brakuje doświadczonych graczy.

Jagiellonię wymieniano w gronie drużyn, które najwytrwalej będą bić się o awans. Balon w Białymstoku napompowano do takich rozmiarów, że Phileas Fogg bez obaw mógłby nim wybrać się w podróż dookoła świata.

Chańko: I coś się zaczęło psuć. Nawałka to dobry obserwator, wiedział, jak podejść prezesów. Po pierwszym sezonie dostał od nich wielką władzę. Już nie zajmował się tylko trenowaniem, ale też naszymi kontraktami czy wejściówkami. Denerwowaliśmy się też, że niektórych ciągnie za uszy. Dotyczyło to głównie nowych piłkarzy. Jakby zamierzał pokazać, że się nie pomylił, kiedy podpisywał z nimi kontrakty. Chciał dobrze, ale kosztem klubu. Atmosfera zaczęła się gdzieś ulatniać. No i te kary, przesadzał z nimi.

Sobociński: Dużo wymagał, dyscyplina musiała być.

Sobolewski: Przed śniadaniem musieliśmy spacerować przez dziesięć minut. I nie można było się zatrzymywać. Obserwował nas z zegarkiem w ręku. Nie zdarzyło się, żeby pozwolił, byśmy chodzili choć sekundę krócej. Taki właśnie jest Nawałka. Nic na skróty! Tą drogą doszedł do funkcji selekcjonera.

Nawotczyński: U niego trzeba być odpornym psychicznie. Może skrzywdzić niejednego młodego. Na rozgrzewce mieliśmy zrobić wślizg i wystartować do piłki. Jeden odpuściłem. Akurat przegraliśmy, trzeba było znaleźć kozła ofiarnego. Dostałem karę. Kiedy wpłynęły premie, koledzy odebrali 5,7 tysiąca złotych. Do mnie trafiło 700 złotych.

Sobolewski: Dbał o nas, zapewniał najlepsze boiska do trenowania. Tam, gdzie są nagrody, muszą też być kary.

Nawotczyński: Jesteśmy na obozie w Turcji. Dzwoni trener. – Łukasz, czy to nie ty jesteś w tej grupie, która stoi nad morzem? – Nie, jestem w pokoju. – Aha.

Na odprawie zakomunikował, że tamci dostają kary za to, że stali podczas spaceru.

Kulig: Kolega wyrzucił moją klubową bluzę z pokoju masażystów. Miał to być żart. Akurat korytarzem przechodził trener. Kosztowało mnie to dwa tysiące złotych. Trzy tysiące więcej zapłaciłem za zdjęcie koszulki w spotkaniu z Radomiakiem. Strzeliłem gola, poniosło mnie z radości. Była 32. minuta, sędzia pokazał żółtą kartkę, drugą. Prowadziliśmy 2:0, skończyło się 2:2. Zarabiałem wtedy mniej niż pięć tysięcy. Prosiłem trenera, żeby złagodził karę, ale pozostał nieugięty. Dziś rozumiem, że musiał tak zrobić.

Im gorzej grali białostoczanie, tym głośniej wypominano Nawałce nietrafione transfery. Jak ten Kompały. Były król strzelców ekstraklasy przez pół roku zagrał w ośmiu meczach, strzelił jednego gola i rozwiązano z nim kontrakt za porozumieniem stron. W tym samym czasie Jagiellonię opuścił też Krzyształowicz, a po kolejnych sześciu miesiącach Kubik i Kolasa.

Rundę jesienną podopieczni Nawałki zakończyli na trzecim miejscu. Do liderującego Widzewa tracili punkt. Czekało ich pięć miesięcy zimowej przerwy. Nową rundę Jagiellonia zaczynała u siebie z Lechią. Przegrała 1:2, a kibice żegnali Nawałkę białymi chusteczkami. Następnego dnia był już bez pracy, krytycznych głosów było zbyt wiele, żeby działacze mogli udawać, że ich nie słyszą.

– Nie zmarnowałem czasu w Białymstoku. Przyszedłem do zespołu, który był na ostatnim miejscu, a zostawiłem go na szóstym – bronił się szkoleniowiec.

Po latach okazało się, że kilka meczów, w których prowadził Jagiellonię, było kupionych. Jego nazwiska nie ma w aktach prokuratury we Wrocławiu, pojawia się tam za to działacz, który sprowadził go do Białegostoku. Komisja Dyscyplinarna PZPN ukarała go siedmioletnią dyskwalifikacją za udział w ustawianiu spotkań.

ROZDZIAŁ XXI

Leo

Współpracę z Leo Beenhakkerem w reprezentacji Polski nazwał Adam Nawałka punktem zwrotnym w karierze. Wcześniej wiele rzeczy wydawało mu się oczywistych, ale po tym, jak przyglądał się Holendrowi w akcji, inaczej spojrzał na piłkę. Obraz stał się szerszy i szkoleniowiec zaczął wychwytywać więcej szczegółów. Dostrzegł, jak efektywniej może pracować trener i jak istotna jest umiejętność koordynowania działań swojego sztabu. Obserwował też pracę mentalną Beenhakkera z zawodnikami i pod tym względem stara się go naśladować.

I pomyśleć, że w nawiązaniu relacji z Holendrem pomógł splot szczęśliwych dla niego okoliczności. Za to nieszczęśliwych dla Dariusza Dziekanowskiego, asystenta Leo, który wiosną 2007 roku zaniemógł.

– Cześć Radek, mogę o coś zapytać?

– Jasne, trenerze.

– Dlaczego Nawałka tak krótko z wami pracował? Jakiś konflikt?

– Nieeee, żaden konflikt. To porządny facet, po prostu nie było wyników i tak to jest, jak właściciel jest niecierpliwy.

Bogusław Kaczmarek wypełniał polecenia Beenhakkera i zbierał wiadomości na temat rozstania Nawałki z Wisłą. Dobrym informatorem wydał mu się Radosław Sobolewski, którego prowadził w Dyskobolii Grodzisk.

Beenhakker powoływał wielu zawodników z Wisły i chciał wiedzieć, w jakich relacjach są z Nawałką i czy nie wpuści do kadry człowieka, który może mu ją rozsadzić od środka. Zaniepokoiła go krótka praca tego kandydata w Krakowie.

– Wybadaj, może tam był jakiś konflikt – poinstruował Kaczmarka.

Po jego telefonie do Sobolewskiego wiedział już więcej.

Była sobota wieczór. Za dwa dni reprezentacja rozpoczynała we Wronkach zgrupowanie przed eliminacyjnymi meczami z Azerbejdżanem i Armenią. Beenhakker był postawiony pod ścianą. Do Wielkopolski nie dotarł Dziekanowski i selekcjoner w ekspresowym tempie szukał asystenta. Holender na początku nie wiedział, co się dzieje z Dziekanowskim, potem były napastnik tłumaczył, że nie mógł dotrzeć przez kłopoty osobisto-zdrowotne. Ze szpitala, gdzie trafił z powodu problemów z kręgosłupem, wysłał dyrektorowi reprezentacji Janowi de Zeeuwowi zwolnienie lekarskie. Kilka dni później gazety poinformowały, że wraz z Michaelem Laudrupem, Paulo Sousą i Stephane'em Chapuisatem zagrał w pokazowym meczu na lodowcu. Dziekanowski nazwie swoje zachowanie z tamtych dni najbardziej spektakularnym samobójem, jaki mu się przytrafił.

Beenhakker nie miał wtedy czasu się nad nim rozckliwiać, zresztą nawet jeszcze nie wiedział wszystkiego, a potrzebował kogoś do pomocy przy zgrupowaniu. Siedząc w restauracji z de Zeeuwem i innym asystentem Bogusławem Kaczmarkiem, zastanawiali się, kto może zastąpić

Adam Nawałka i Leo Beenhakker – to od Holendra dzisiejszy selekcjoner nauczył się, że najważniejsza jest drużyna.

niedysponowanego Dziekanowskiego. De Zeeuw, który w latach 80. organizował Nawałce testy w Belgii, i Kaczmarek podpowiedzieli, że wolny jest trener, który dwa miesiące wcześniej stracił pracę w Wiśle.

Beenhakker znał go od grudnia 2006 roku, kiedy podczas konferencji trenerów w Warszawie długi czas rozmawiali na temat wizji futbolu. Spotkali się też przy okazji meczu Wisły z Feyenoordem w Rotterdamie, dokąd Nawałka pojechał jako wiceprezes klubu (był to ostatni mecz Dragomira Okuki w roli trenera Białej Gwiazdy).

– Adam musiał mieć minę najbardziej zdziwionego człowieka świata, kiedy dowiedział się, że ma przyjechać do Leo na zgrupowanie. Na początku myślał, że będzie stażystą obserwującym sesje treningowe – opowiada Kaczmarek.

Selekcjoner szykował dla niego inną rolę. Nawałka przyjechał awaryjnie, a został w kadrze ponad rok. We Wronkach przejął kompetencje Dziekanowskiego, prowadził rozgrzewki i tłumaczył odprawy selekcjonera z angielskiego na polski. Kiedy Beenhakker przekonał się do niego, powierzał mu coraz więcej zadań i nawet kiedy wybaczył „Dziekanowi" niezapowiedziane zniknięcie i przywrócił do pracy, nie zrezygnował z Nawałki.

Były trener Wisły zaczął przygotowywać analizy dotyczące rywali, prowadził też obserwacje potencjalnych kadrowiczów. Z innymi współpracownikami Holendra podzielili się obowiązkami według klucza geograficznego – Kaczmarek odpowiadał za północ Polski, Wielkopolskę i Łódź, Dziekanowski za Mazowsze, a Nawałka za Małopolskę oraz Górny i Dolny Śląsk.

Przyglądał się pracy Beenhakkera, chłonął wiedzę i obserwował, co jeszcze może dodać do samodzielnej pracy jako trener. Utwierdził się w przekonaniu, jak ważne są szczegóły. Przestało go dziwić, że Beenhakker potrafi zrobić awanturę kucharzowi w hotelu tylko dlatego, że czegoś nie dopilnował.

– Nie ma nic ważniejszego niż drużyna – powtarzał Leo.

Zbierali się dzień lub dwa dni przed rozpoczęciem zgrupowania, żeby zaplanować pobyt i sprawdzić na miejscu, czy ośrodek jest gotowy na przyjazd piłkarzy.

Kiedy już wiedzieli, że wszystko jest dopięte na ostatni guzik, zbierali się w hotelowej restauracji, zamawiali po piwie lub kieliszku wina i zażywali ostatnich chwil relaksu przed kilkudniową pracą. Leo mówił wtedy dwa–trzy zdania.

– Panowie, jutro zaczyna się pieprzona praca! Przyjeżdżają piłkarze, z naszej strony musi być pełna koncentracja. I tak już do końca zgrupowania.

Spotykali się w swoim gronie po każdym treningu, omawiali zajęcia. Beenhakker pozwalał każdemu się wypowiadać, każdego wysłuchiwał, nawet nalegał, żeby przedstawiali swoje zdanie, jeśli jest odmienne od jego. Na początku jeszcze się krępowali, bo jak to, mieli zwracać uwagę byłemu trenerowi Realu Madryt, ale przekonał ich, że to dla wspólnego dobra. Często ze sobą się nie zgadzali, kłócili, ale z tego rodziły się pomysły. Decydujący głos należał do Beenhakkera. Wymagał jednego – mogą się spierać, dyskutować, ale na zewnątrz idzie jednakowy przekaz, a szefem jest tylko on.

Nie przestawał ich zaskakiwać. Na zgrupowaniu przed meczem z Belgią podczas śniadania wyjął serwetkę, położył między talerzem z jajecznicą a filiżanką kawy i zaczął na niej rysować symulację zbliżającego się spotkania i tego, jak powstrzymać ich napastnika, Émile'a

Adam Nawałka podczas rozgrzewki reprezentacji Polski
przed wyjazdowym meczem z Portugalią w eliminacjach EURO 2008.

Mpenzę. Rozrysował wszystko dokładnie, również to, jak będą ćwiczyć, by go zneutralizować.

Beenhakker docierał do piłkarzy, motywował ich i choć, jak mówią jego współpracownicy, ocierał się nawet o manipulację, to zazwyczaj swój cel osiągał. Reprezentanci grali lepiej, niż sami siebie o to podejrzewali. Selekcjoner niczym najwyższej klasy pianista wiedział, na jaki klawisz nacisnąć, żeby całość ułożyła się w muzykę, jaką on chce usłyszeć. To była wielka siła Holendra, ta umiejętność programowania umysłów zawodników, wnikania do nich i ustawiania odpowiednich wyborów.

– Ty będziesz Big Brono. Nie jesteś już Grzegorz, tylko Big Brono.

Wbijał do głowy Grzegorzowi Bronowickiemu, którego niespodziewanie zaczął powoływać. A ten mu wierzył. Gdyby Beenhakker kazał mu skoczyć z mostu, zapytałby tylko, czy może pożegnać się z rodziną.

Podobnie było z Pawłem Golańskim. Kiedy stanęli naprzeciwko Portugalczyków, a Bronowickiemu przyszło powstrzymywać na swojej stronie Cristiano Ronaldo, obaj zagrali jedno z najlepszych, jeśli nie najlepsze spotkanie w karierze.

Asystenci Beenhakkera uczyli się, jak rozwiązywać konflikty, zarządzać kryzysami. W wyjazdowym spotkaniu z Kazachstanem selekcjoner zmienił Mariusza Lewandowskiego już po półgodzinie meczu. Wściekły zawodnik Szachtara Donieck, schodząc z boiska, złowrogo gestykulował, nie podał ręki Beenhakkerowi, ominął ławkę rezerwowych i podążył prosto do szatni. Nie ochłonął również po spotkaniu, każdym swoim gestem pokazując otoczeniu, jak bardzo jest zły na Beenhakkera.

Było jasne, że ten nie może tego tak zostawić i przejść nad zachowaniem piłkarza do porządku dziennego. Chodziło o jego autorytet, rzecz świętą dla trenera. Ponieważ zbliżał się mecz z Portugalią, decyzję trzeba było podjąć jak najszybciej. Ale Beenhakker pozwolił, żeby to Lewandowski przejął inicjatywę, a im dłużej zostawiał go z nierozwiązanym problemem, tym większą zyskiwał przewagę.

Prosto ze stadionu kadra pojechała na lotnisko. W oczekiwaniu na odlot piłkarze naradzali się w jednej części sali, sztab szkoleniowy siedział w drugiej. W końcu Maciej Żurawski poprosił Beenhakkera i jego współpracowników o rozmowę. Stanęli w półkolu, na środek wyszedł Lewandowski.

– Przepraszam za swoje zachowanie – powiedział skruszony.

Nikt nie odezwał się w oczekiwaniu na reakcję Beenhakkera. Selekcjoner spojrzał na niego swoimi zmęczonymi oczami, podszedł i przytulił na chwilę.

– No problem – zakończył sprawę.

Cztery dni później Lewandowski tyrał w środku pola przez 90 minut meczu z Portugalczykami i grał tak dobrze, że Beenhakkerowi nawet do głowy nie przyszło, żeby go zmienić.

Zachowaniem na lotnisku w Ałma Acie wygrał coś więcej niż wdzięczność Lewandowskiego. Wygrał wdzięczność całej drużyny. Wszyscy znali jego zasady, ale tam daleko na Wschodzie przekonali się, że w imię wyższych celów może od nich odstąpić, jeśli tylko tego wymaga interes zespołu.

– Nie ma nic ważniejszego niż drużyna – dźwięczało im w głowach.

Podróż z Kazachstanu przedłużyła się do sześciu godzin, przez co do hotelu dotarli nad ranem. Na dziewiątą Beenhakker zaplanował trening. Spodziewali się, że go odwoła lub przesunie na późniejsze godziny, ale on nawet nie zająknął się na ten temat.

Rano niewyspani spotkali się na boisku. Na ich twarzach rysowało się zmęczenie, ale Beenhakker tego nie dostrzegał. Poprowadził półtoragodzinny, intensywny trening. I choć na początku kadrowicze psioczyli na niego po cichu, to z czasem głosy narzekania zastąpiło zaangażowanie, zajęcia kończyli już tak skupieni, że nie zważali na znużenie i obolałe mięśnie domagające się odpoczynku. Miał ich po swojej stronie.

Kto wie, może gdyby nie tamten przyjazny gest wobec Lewandowskiego i przeciągnięcie na swoją stronę drużyny, nie byłoby zwycięstwa nad Portugalią, a później historycznego awansu do mistrzostw Europy?

Na turniej do Austrii i Szwajcarii pojechał też Nawałka. W sztabie mieszali się polscy i holenderscy współpracownicy selekcjonera, ale już na miejscu według Dziekanowskiego pojawiły się pierwsze rysy w ich relacjach.

Fragment autobiografii „Dziekan":

„Podział na »naszych« i Holendrów nasilał się z każdym dniem. Szczególnie przykra była metamorfoza, jaką przeszedł Frans Hoek. Wcześniej może się nie przyjaźniliśmy, ale współpraca układała nam się bardzo dobrze – każdy wiedział, co ma robić i za co odpowiada, a zarazem miał świadomość, że i tak pracujemy dla wspólnego dobra. Na Euro Frans zapragnął chyba zabłysnąć, wykorzystać okazję, że niemal bez przerwy jesteśmy w blasku reflektorów i pod okiem kamer, i zaczął dość bezpardonowo pracować łokciami, byle tylko przepchać się do pierwszego szeregu. Leo akceptował jego zachowanie: podczas zebrań sztabu szkoleniowego pozwalał mu na długie wypowiedzi, nasze uwagi zbywając machnięciem ręki albo przerywając nam zaledwie po paru zdaniach".

Po nieudanym turnieju współpraca Beenhakkera z Nawałką, Kaczmarkiem i Dziekanowskim się zakończyła, a zastąpili ich Rafał Ulatowski, Radosław Mroczkowski i Andrzej Zamilski. Jak tłumaczył Holender, szukał świeżej krwi.

Podczas ostatniego zgrupowania reprezentacji w Gdańsku selekcjoner zadzwonił do de Zeeuwa i zaprosił go do hotelu, gdzie mieszkali.

– Nie ma nic ważniejszego niż drużyna – przywitał go serdecznie Nawałka.

„Dziedzictwo Leo przetrwało" – pomyślał wtedy de Zeeuw.

ROZDZIAŁ XXII

Obsesja

Ostatni raz rozmawiałem z selekcjonerem dwa dni przed Bożym Narodzeniem. W okresie przedświątecznym był rozchwytywany, posypały się zaproszenia na opłatek, podzielił się z jednymi i w pośpiechu jechał do drugich. Wieczorem znalazł czas, żeby oddzwonić. Ponad pół godziny wspominaliśmy jego podróże tramwajem numer 17, treningi u Adama Grabki czy efektowne dryblingi Hubert Skupnika. Chciałem zapytać o coś jeszcze.

– Kiedy poczuł pan, biorąc pod uwagę wszystkie doświadczenia, również porażki, że jest już trenerem świadomym?

– W GKS Katowice.

Piątek, 18 września 2008 roku. Prezes GKS Jan Furtok siedzi w gabinecie i z niepokojem spogląda na leżącą przed nim gazetę. Tabela I ligi, a w niej jego klub na 13. miejscu. Furtok analizuje rozegrane mecze i widzi trzy punkty zdobyte w pięciu ostatnich spotkaniach. Dzień wcześniej zwolnił Jana Żurka po zaledwie dwóch miesiącach współpracy, uznał, że wyniki są zbyt słabe jak na potencjał drużyny.

Furtok pochyla się nad biurkiem i szuka w myślach nazwisk trenerów, którzy mogliby pomóc. Nie ma argumentów, żeby dzwonić do topowych szkoleniowców w Polsce. Przeciętna drużyna z perspektywą walki o uniknięcie spadku do II ligi, a w klubie bieda. Żaden z nich się nie zgodzi. I jeszcze pensja nie mógł zaproponować więcej niż sześć tysięcy złotych miesięcznie.

I nagle Furtokowi przychodzi do głowy Nawałka. Bez pracy, odszedł z reprezentacji, a jego ostatnie wyniki powodują, że nie może stawiać wygórowanych żądań – myśli sobie prezes katowickiego klubu. Zna się z nim z występów w Orłach Górskiego, ale nie ma do niego numeru telefonu, poza tym dopadają go obawy, że wyśmieje ofertę.

Dzwoni do Jana Urbana.

– Możesz mi pomóc z Nawałką? Szukam trenera – prosi znajomego.

– Nie ma problemu.

– Tylko powiedz mu, że nie mogę dać więcej niż 6 tysięcy.

Przez najbliższe pół godziny będzie wpatrywać się w ekran telefonu. W końcu widzi na nim numer Urbana.

– Możesz dzwonić, powiedział, że to weźmie.

Dwa dni później Furtok wspólnie z Nawałką oglądali z trybun mecz GKS z Dolcanem Ząbki i ustalali szczegóły kontraktu. Rozpocznie się okres, który pozwoli mu jako trenerowi znów wypłynąć na powierzchnię.

Nawałka nie poznał od razu całej prawdy. To znaczy wiedział o ogromnych kłopotach finansowych klubu, ale nikt mu nie przedstawił sytuacji, jak źle jest naprawdę. Słyszał obietnice, że w najbliższym czasie w Katowicach pojawi się poważny sponsor, a wszystkie długi zostaną uregulowane.

To się nie spełni, a on do końca pobytu przy Bukowej będzie musiał zajmować się nie tylko trenowaniem, ale zapobieganiem buntom piłkarzy, którym zaczną grozić eksmisje z wynajmowanych mieszkań, a u działaczy nie będą mogli doprosić się zaległych od pięciu miesięcy pensji.

Nawałka jeszcze o tym nie myślał. Po siedzibie GKS krążył niczym architekt wnętrz i pokazywał, co trzeba zmienić. Zatrzymał się przy szatni drużyny rezerw.

– O, tu zrobimy siłownię – rzucił pomysł prezesowi.

– Adam, nie mamy pieniędzy na jej wyposażenie.

– Nie widzę problemu, znajdziemy używany sprzęt, może ktoś odda za darmo.

Po sztangi jeździli do Szopienic, hantle dostali z innego miejsca i urządzili ją bez pieniędzy. Jest w klubie do dziś.

Nawałka po współpracy z Leo Beenhakkerem jeszcze mocniej zwrócił uwagę na detale w codziennym życiu drużyny. W szatni zawisła kartka z rozplanowanymi co do minuty zajęciami. Piłkarze wiedzieli dwa tygodnie do przodu, co będą robić.

Kazał im zakładać na trening jednakowe stroje i skończył z rewią mody na zajęciach, kiedy jeden miał czarny dres, a drugi żółty. Gdy Gražvydas Mikulenas założył niewłaściwe getry, inne niż były ustalone tego dnia, odesłał go do szatni, żeby się przebrał.

I tradycyjnie zadbał o menu graczy. Podczas obiadów na stole musiała być natka pietruszki, zawierająca dużo witaminy C i beta-karotenu, ale w żadnym wypadku nie posiekana, tylko cała, żeby można ją było odrywać. Ze znalezieniem tego warzywa, zwłaszcza podczas wyjazdów, nieraz kłopoty miał kierownik drużyny, ale Nawałka nie przyjmował

W GKS Katowice było biednie, ale Adam Nawałka i tak potrafił stworzyć dobrą atmosferę w zespole.

do wiadomości, że pietruszki mogłoby zabraknąć jako dodatku do potraw.

Piłkarze znowu byli na pierwszym miejscu. Kiedy w kraju panowały upały, a synoptycy zapowiadali na kolejny dzień 30 stopni Celsjusza, Nawałka zadzwonił w nocy do asystenta, Henryka Górnika. Trening na sztucznej nawierzchni zaplanowano na dziesiątą. Nawałka kazał mu tam być o siódmej. Górnik przez trzy godziny stał ze szlauchem i podlewał murawę, żeby zawodnicy nie odparzyli stóp.

– Trenerze, szlauchy chyba śnią się panu po nocach – żartowali z Górnika.

Nawałka wszedł do szatni GKS i powiedział piłkarzom coś banalnego, ale z taką wiarą, że mu uwierzyli.

– Pracujcie ciężko, a to się opłaci – usłyszeli.

I przyszły efekty. Skazany na spadek GKS poszybował w górę tabeli.

Nawałka zarażał optymizmem. Dla niego pogoda zawsze była „fantastyczna". Palące słońce i 25 stopni na termometrze? Fantastyczna pogoda do grania. Rzęsisty deszcz i nieprzyjemny wiatr? Niebiosa się nad nimi zlitowały, mamy fantastyczną pogodę do gry. Widzieli, ile dla nich robi i chcieli mu się odwdzięczyć – szkoleniowiec pilnował, żeby zawodnicy trenowali na najlepszych boiskach, stół w szatni uginał się od odżywek, które załatwił, swoimi kanałami próbował ściągnąć sponsora dla GKS. Jego znajomy, producent apteczek samochodowych, pomógł finansowo i dzięki dodatkowym pieniądzom Nawałka rozszerzył sztab szkoleniowy i kupił sprzęt do monitorowania wysiłku treningowego.

Grzegorz Goncerz dołączył do drużyny prowadzonej przez Nawałkę zimą 2009 roku.

– Jeżeli on widzi w oczach zawodnika determinację, to krzywdy mu nie zrobi. Sam był taki na boisku: zawzięty, z żądzą samodoskonalenia się. Nie lubi piłkarzy, którzy chcieli się prześliznąć, mącili i niekorzystnie wpływali na drużynę. Takich odsuwał. Nie tolerował niechlujstwa, braku zaangażowania. Ktoś nie zrobi wślizgu i od tego się zaczyna – powtarzał.

Po trzech miesiącach pracy przyszły selekcjoner zdecydował się na radykalne kroki i odmłodził drużynę. Tych, którzy nie chcieli przyjąć jego reguł, jak Daniel Treściński, pozbywał się z klubu. Kiedyś zapytałem Nawałkę, jakich piłkarzy lubi.

– Takich, którzy chcą ciężko pracować. Ich charakter nie może objawiać się tylko tym, że najgłośniej narzekają. Tacy rozbijają zespół i trzeba ich odrzucić, jak zgniłe jabłka z koszyka, żeby nie zatruły pozostałych – odpowiedział błyskawicznie.

W przypadku trzech doświadczonych zawodników – Grzegorza Bonka, Tomasza Prasnala i kapitana Tomasza Markowskiego – był zmuszony się z nimi rozstać. Cała trójka bez zgody trenerów grała w drużynie Avenzio-Sport występującej w zabrzańskiej halowej lidze piątek.

Nawałka wcześniej zaprosił ich na rozmowę, chciał wiedzieć, jak było naprawdę. Usłyszał, że w czasie trwania ligi żaden z nich nie grał w hali. Stanął po ich stronie, ale wkrótce działacze przedstawili dowody, że było inaczej. Gdyby przyznali się trenerowi, że jednak zagrali, to walczyłby o ich pozostanie, a tak poczuł się przez nich oszukany.

Nawałka tego właśnie wymaga od piłkarzy – szczerości. Może później się złościć, karać finansowo, ale jeśli zawodnik będzie z nim szczery, ma dużo większe szanse zostać w zespole, nawet jeśli jego występek jest

Siedzą (od lewej) trenerzy GKS Katowice Bogdan Zając, Adam Nawałka i Jarosław Tkocz, czyli sześć lat później asystent selekcjonera, selekcjoner i trener bramkarzy kadry.

Mueller
isosta

poważny. Bonk, Prasnal i Markowski nie byli, więc nie protestował, gdy rozwiązywano z nimi kontrakty.

Mecz GKS z Widzewem. Trener, zafascynowany włoską piłką, pokazał wcześniej zawodnikom, w jak długich metalowych kołkach gra Javier Zanetti, obrońca Interu Mediolan. Zwracał na to uwagę. Od tamtej pory piłkarze starali się dobierać jak najdłuższe kołki. Wtedy na boisku Widzewa było ślisko, jeden z graczy założył buty z plastikową podeszwą. Poślizgnął się na środku boiska, stracił piłkę, a po chwili GKS gola. Nie widzieli nigdy trenera w takiej furii, jak w przerwie tamtego meczu. Bo przecież ostrzegał.

Bieda zaatakowała GKS skutecznie i Nawałka to widział. Przed obozem przygotowawczym wykreślił z listy wyjeżdżających kierownika drużyny, żeby zrobić miejsce dla juniora. W klubie pojawił się komornik, co pół roku nie było wiadomo, czy GKS wystartuje w nowej rundzie, piłkarze opóźniali wyjścia na mecz, część odchodziła, mając dość niespełnionych obietnic działaczy. Jego również dotykały problemy, głośno mówił o rozgoryczeniu, co jest przecież do niego niepodobne, bo oficjalnie zazwyczaj waży słowa.

Utrzymywał podopiecznych w stanie ciągłej mobilizacji. Wiele razy rozmawiali na temat zaległości, prosił, żeby wytrzymali, bo może pojawi się sponsor, a kiedy już widział, że sytuacja jest beznadziejna, grał z nimi w otwarte karty.

– Nie obrażę się, jeżeli zrezygnujecie z treningu. Ale jeśli już wychodzicie na zajęcia, to nie chcę słyszeć marudzenia. Macie skupić się tylko na piłce – przestrzegał.

W szatni nie mogli rozmawiać o pieniądzach, to miało być miejsce, gdzie tego tematu nie poruszają, a dominować będzie piłka.

Jeżeli reprezentanci mówią dziś, że Nawałka jest dobrym motywatorem, zapewne nie wiedzą, gdzie szczególnie wykazywał się tą umiejętnością. W GKS ciągle musiał mobilizować piłkarzy, odcinać ich od problemów.

Przed jednym z treningów katowiczanie czuli się źle. Dość mieli ciągłych problemów, doszło zmęczenie po ostatnim meczu, nogi bolały, organizm się buntował. Nawałka zamknął się z nimi w szatni i wygłosił półgodzinną przemowę.

Można żałować, że nie było tam kamery, bo być może to nie motywacyjne wystąpienie Ala Pacino z filmu „Męska gra", ale Nawałki z GKS miałoby na YouTube 16 milionów wyświetleń:

„Panowie! Rozumiem sytuację, w jakiej się znaleźliśmy, ale najgłupsze, co moglibyśmy teraz zrobić, to się poddać. Wierzę w was, wierzę w wynik, jaki możecie osiągnąć. Ale musicie wykazać się determinacją, jeszcze wytrzymać, musicie pokazać, że wam się to należy. Jeśli się poświęcicie, uwierzycie, przełoży się to wyniki. Musicie tylko uwierzyć. Pasja to już za mało. Potrzebna jest obsesja!".

Zawodnicy wyszli na trening, zapomnieli o zmęczeniu, zaległościach, problemach.

Nawałka już wiedział, ile trenerowi może pomóc odpowiedni sztab szkoleniowy. To w Katowicach zaczął pracować z tymi, którzy towarzyszą mu w reprezentacji i razem z nim zarywają noce, żeby analizować grę Polaków. W GKS spotkał trenera bramkarzy Jarosława Tkocza czy masażystę Bartosza Spałka, a w czerwcu 2009 roku dołączył do nich Bogdan Zając. Wszystkich zabrał do Górnika Zabrze, a później do kadry.

Furtok podkreśla, że ludzie z jego sztabu muszą z nim nadawać na tych samych falach. Pamięta, jak Nawałka poprosił innego z asystentów o przygotowanie planu treningów. Młody trener siedział nad tym kilka godzin, rano przyniósł do klubu pokolorowane kartki.

– Kurwa, co to jest?

– No plan.

– A czy my w szkole jesteśmy, że musi być takie kolorowe?! To miało być proste, czarno-białe.

I Nawałka go zwolnił.

Po pierwszej rundzie sezonu 2009/10 biedny GKS, oparty na młodzieży, która zaufała trenerowi, zajmował siódme miejsce. Nawałka przez piętnaście miesięcy spędzonych w stolicy Górnego Ślaska pokazał, że z błędów wyciągnął wnioski, a zwycięstwa przekuł na rozwój. Takiego szkoleniowca dostrzegli szefowie Górnika Zabrze również występującego w pierwszej lidze, pierwsze rozmowy zaczęli z nim w listopadzie 2009 roku. Nawałka dawał pierwszeństwo GKS, ale zrozumiał, że nie ma szans na poprawę spraw organizacyjnych. Pozostanie w Katowicach oznaczało, że znów musiałby użerać się z problemami daleko wykraczającymi poza trenowanie. Miał dość, nie przedłużył kontraktu z GKS.

Na pożegnanie usłyszał od Furtoka:

– U nas pieniędzy nie ma i nie zanosi się, żeby były. Jak masz szansę, to idź.

ROZDZIAŁ XXIII

Zabrze

Minęli tabliczkę z napisem „Zabrze". Zmęczeni kilkugodzinną podróżą zbliżali się do stadionu. Nagle twarz trenera spurpurowiała. Zawodnicy znali go na tyle długo, że wiedzieli, co to znaczy. Zaraz wybuchnie. Zobaczył, że ktoś zaparkował na miejscu dla autokaru, skąd piłkarze mieli tylko kilka metrów do szatni. To było auto jego żony. Przyjechała zabrać go do domu.

Nawałka pierwszy wypadł z autokaru.

– Nie możesz tu stać! To miejsce dla zespołu. Chłopcy są najważniejsi – głośno zwrócił uwagę żonie, zanim się z nią przywitał.

Bo byli najważniejsi. Dawał im poczucie wyjątkowości. Nie było w Zabrzu muru, którego Nawałka by nie przebił, żeby im pomóc. Może i w Górniku bieda aż piszczała, ale on tego nie słyszał. Mógł sobie pozwolić na stanowczość, bo stał się najważniejszą osobą w klubie. Ważniejszą niż prezes. Selekcjoner Górnika – tak o nim mówili. Nawałka gwarantował piłkarzom specjalne traktowanie, ale w zamian wymagał. Żądał oddania, respektowania jego zasad, posłuszeństwa, przekraczania barier. Kto miał opory, ten odpadał.

Poprosiłem Nawałkę, żeby opisał treningi w Górniku.

– Aranżuję warunki meczowe. Zawodnicy zakładają deski i jest walka. Słabszy odpada – niemal krzyczał.

Łukasz Madej przypomina sobie, że trener wyrzucił z treningu Krzysztofa Mączyńskiego, bo wydawało mu się, że udaje. – Mnie zresztą też wygonił z boiska. Dostałem z łokcia, trzymałem się za głowę, a on mi kazał zejść – wspomina pomocnik Górnika.

Nawałka niechętnie widział masażystów na boisku. Mieli inne zadania. Upał, 30 stopni, a oni musieli wachlować piłkarzy ręcznikami w przerwach podczas treningów.

– Ja nie chcę – powiedział Michał Zieliński, napastnik zabrzan.

– Cicho! Pozwól nam machać, żeby się nie przyczepił.

Masażyści mieli też pilnować, żeby na treningu o wyznaczonej przez Nawałkę godzinie podać zawodnikom bidony. Ci musieli do nich zbiegać, żeby tracić jak najmniej czasu. Kiedy Grzegorz Bonin odszedł z Górnika do Polonii Warszawa i w przerwach na treningach truchtał do linii, jego nowi koledzy spokojnie podążający za nim obserwowali to z niemałym zaskoczeniem.

Masażyści raz w tygodniu mieli też dyżury w klubie. Nawet jeśli piłkarze dostali wolne. Musieli być do ich dyspozycji, gdyby któryś zechciał poddać się masażom.

Górnik miał kilkumiesięczne zaległości wobec piłkarzy. Nawałka zabronił im chodzić do gabinetów działaczy i dopominać się o pensje. Wziął to na siebie.

– Wy macie trenować, a resztę spraw zostawcie mnie – mówił zawodnikom.

W sporach z działaczami stawał po ich stronie. Długo wojował o nawodnienie bocznego boiska. Twarda nawierzchnia zwiększała ryzyko kontuzji. I postawił na swoim, w klubie pojawiły się zraszacze. Pilnował również, żeby trawa była dobrze przycięta – miała mieć 26 milimetrów. W biednym Górniku znalazły się pieniądze na najlepsze na rynku odżywki, zawodnicy mieli też zapewnione owoce po meczach w szatni. W autokarze z kolei Nawałka kazał zwiększyć odległości między siedzeniami, żeby można było lepiej wypoczywać w trakcie podróży.

Jerzy Mucha z biura prasowego Górnika znał się z Nawałką od kilkunastu lat. Ucieszył się z jego przyjścia do klubu, ale nie wiedział, że trener się zmienił i jest wyczulony na punkcie swoich zasad.

Przy dziennikarzach Mucha zagadnął jego asystenta, Bogdana Zająca:

– Boguś, wiesz, o której jest trening?

Gdyby wzrok Nawałki mógł zabijać, Mucha niechybnie padłby martwy. Poprosił go na bok, podniósł głos.

– W żadnym wypadku nie możesz zwracać się do nas po imieniu przy piłkarzach czy dziennikarzach. Prywatnie tak, ale w pracy to jest trener Nawałka albo trener Zając.

Reguł stworzonych przez Nawałkę było wiele. W przerwie meczu kazał zawodnikom od razu zbiegać do szatni. To był cios psychologiczny wymierzony w przeciwników. Mieli widzieć, że jego armia ma jeszcze zapas sił. W szatni najpierw brali kąpiel w zimnej wodzie bądź w wodzie z lodem. Nie mogli siedzieć, tylko mieć wyprostowane nogi. Wcześniej musieli zdjąć getry i ochraniacze, żeby nic ich nie uciskało.

Adam Banaś i Adam Nawałka cieszą się
po wywalczeniu awansu do ekstraklasy z Górnikiem Zabrze.

O Górniku Nawałki sędziowie ekstraklasy mówili, że był najłatwiejszą drużyną do prowadzenia. Nawałka zabronił zawodnikom leżeć na boisku po wejściach rywali, no chyba że już nie mogą stać na nogach. Wyplenił z ich głów chęć symulowania.

– Piłka to wymiana ciosów, wygrywa silniejszy. Jeżeli zawodnik pokazuje, że coś go boli, to przeciwnik zdobywa przewagę. Trzeba się otrzepać i walczyć dalej, zamiast płakać – tłumaczył.

Według Nawałki trener odpowiada nie tylko za szkolenie, ale też za wychowywanie. W sparingu z Jednością Przyszowice z Górnikiem miał się pożegnać Prejuce Nakoulma. Koledzy postanowili to zaakcentować i oddali mu opaskę kapitana. Do jego obowiązków należało wygłoszenie mowy motywacyjnej przed meczem. Nakoulma, w kółku razem z Nawałką, kończył przemowę i za bardzo wczuł się w rolę.

– Jedziemy z frajerami! – krzyknął.

Wśród górników zaskoczenie mieszało się z powstrzymywaniem śmiechu, żeby nie wybuchnąć przy trenerze. Ciszę przerwał Nawałka. Nakoulma usłyszał od wściekłego trenera, co myśli o takich słowach. Raz, że rywale byli amatorami, kibicami Górnika, regularnie odwiedzającymi stadion w Zabrzu, a dwa – Nawałka nie toleruje takich odzywek.

Co wtorek był dzień piłkarza. Zawodnicy przyjeżdżali do klubu na 8.30. Zaczynali od badań krwi, potem było śniadanie i zaraz pierwszy trening. Na boisku spędzali dwie i pół godziny, potem szli na odnowę biologiczną. Na obiedzie w jednej z zabrzańskich restauracji musieli być wszyscy. Stamtąd wracali do klubu, gdzie trenerzy przygotowali dla nich odprawę. Omówienie meczu trwało dwie, czasem dwie i pół godziny. Po nim piłkarze dostawali 15–20 minut przerwy, żeby zresetować umysł i przygotować się do kolejnego treningu. Kolejne dwie i pół godziny spędzali na boisku. Po zejściu z niego jeszcze obowiązkowa odnowa w klubie. Do domów wracali po 20, w pracy spędzali dwanaście godzin. Ale następny dzień mieli wolny. Niektórzy krzywili się, bo obciążenia były ogromne, ale ci, którzy przetrwali, chwalili sobie pracę z wymagającym trenerem.

Nawałka ulepił Górnik na własną modłę z zawodników, którzy bez szemrania akceptowali jego decyzje. Z wyjątkami, jak Radosław Sobolewski czy Seweryn Gancarczyk, byli to gracze na początku drogi. Nawałki słuchali, bo wiedzieli, że może ich wznieść na nieosiągalny wcześniej dla nich poziom.

U niego wszystko było zaplanowane co do minuty.

– Po przyjściu do Górnika byłem zaskoczony, że jest tak dokładny. Przed meczem wisiała rozpiska: „15.36 – rozgrzewka w małej sali, 15.43 – rozciąganie (...)". Niektórzy śmiali się, że jesteśmy sterowani jak kukły, które trener pociąga za sznurki, ale nam to nie przeszkadzało – wspomina Zieliński.

Na obozach przed obiadami zawodnicy kłębili się w holu. Nie mogli wejść do sali bez trenera. Dopiero kiedy się pojawił i zaprosił do środka, mogli usiąść. Na stole, tak jak w GKS Katowice, musiała być obowiązkowo natka pietruszki.

Kiedyś Krzysztof Mączyński miał problem z paznokciem, nie mógł trenować przez kilka dni. Trener się zdenerwował, mówił, że jeśli to się powtórzy, to Mączyński zapłaci karę. Kazał dbać o paznokcie, polecał wizyty u kosmetyczki. Arkadiusza Milika wysyłał do dentysty, żeby skontrolował zęby. Zaniedbane stają się przyczyną wielu poważnych kłopotów zdrowotnych, mogą wywołać stany zapalne w organizmie.

– Masz, jedź, tu jest dobry specjalista – wręczył mu kartkę z adresem.

Seweryn Gancarczyk, jeden z bardziej doświadczonych piłkarzy w Górniku Zabrze Adama Nawałki, też musiał bezwzględnie wykonywać polecenia trenera.

Wymagał punktualności. Zieliński spóźnił się kilka minut na zbiórkę przed wyjazdem do Poznania na mecz z Lechem. Kiedy wjeżdżał przez bramę, mijał się z autokarem. Drużyna mogła poczekać, ale trener zdecydował inaczej. Zieliński musiał z kierownikiem zespołu gonić autokar, a Nawałka zapowiedział mu, że będzie mógł do niego wsiąść na najbliższym postoju. Na szczęście dla Zielińskiego drużyna zatrzymała się 30 kilometrów za Zabrzem. Równie dobrze mogła i 300 kilometrów dalej.

W trakcie tych wyjazdów inni kierowcy musieli być zdziwieni, kiedy grupa dorosłych mężczyzn wychodziła na stację benzynową i wspólnie się gimnastykowała. Co trzy godziny zatrzymywali się, by odpocząć. Ale zanim weszli do sklepu po kawę, pięć minut musieli rozciągać mięśnie. Drugi trener stawał przed nimi i mówił, co mają robić. Najpierw pięć minut rozciągania, potem piętnaście minut dla siebie. Nie było odstępstw.

Chciał, żeby piłkarze byli przygotowani nie tylko na boisku, ale i poza nim. Wszyscy musieli mieć w domach dekodery Canal+. Zaczęło się od tego, że na treningu zawodnicy rozmawiali o meczu ekstraklasy.

– Ja to w ogóle go nie oglądałem, nie mam nawet Canal+ – przyznał jeden z nich.

Usłyszał to Nawałka.

– Jak to? To ty jesteś piłkarzem i nie oglądasz ligi?

Na następnym treningu oznajmił, że obowiązkiem każdego jest mieć dekoder C+ i żeby potraktowali to jako przygotowanie do zawodu.

Co tydzień sprawdzał, czy w szatni panuje porządek. Na środku nie mogła stać żadna torba. Sprawdzał też, ile mają butów. Mogli trzymać maksymalnie dwie lub trzy pary.

Nie tylko zawodnicy czuli przed nim respekt, ale też ich żony. Raz podpadła mu Klaudia Danch, małżonka kapitana Górnika, Adama. Stała po meczu z coca-colą, przyszedł mąż i chciał się napić. Akurat przechodził trener. Spojrzał na nią, pogroził palcem. Zrobiła się czerwona ze wstydu.

– Ale generalnie był wobec nas miły i szarmancki, interesował się, co u nas. Z takim trenerem byłyśmy spokojne o chłopaków, a taka dyscyplina, jaka wtedy panowała, już nigdy się nie powtórzy. Miałyśmy go informować, jeśli któregoś trzeba było postawić do pionu.

ROZDZIAŁ XXIV

Najważniejszy

Adam Nawałka stał się w Górniku ważniejszy od prezesa. To dlatego, że mógł liczyć na specjalne względy Małgorzaty Mańki-Szulik, prezydent Zabrza. Większość klubowych akcji należała do urzędu miasta i bez jej zgody nie można było podejmować strategicznych decyzji. Nawałka to wiedział, w końcu zaczął omijać prezesów Górnika i załatwiać sprawy bezpośrednio u pani prezydent.

Rzecznik Górnika Rafał Kędzior opowiada, czym Nawałka zjednał sobie jej sympatię. – Ekspresją i energią pokazywał, że wierzy w swój projekt. Było wiadomo, że jeśli czegoś w klubie nie da się załatwić, a trener pójdzie do urzędu miasta, to jemu się uda. Piłkarze widzieli, że Nawałka w Górniku to postać mocniejsza niż zwykły trener.

Posada Nawałki kilka razy wisiała na włosku. Jesienią 2011 roku po porażce u siebie w derbach z Ruchem, jeszcze na stadionie, Stanisław Oślizło rzucił w kierunku prezydent, że czas pomyśleć o zmianie trenera.

Górnik zajmował 13. miejsce, nie wygrał od sześciu kolejek, a w Pucharze Polski odpadł z Gryfem Wejherowo. – Nacisk był ogromny.

Wszyscy mówili, że przyszedł czas na rozstanie. Pamiętam, że brakowało mi odwagi pójść na kolejny mecz z obawy, że będzie przegrany. Nie było wyników, ale widzieliśmy ewolucję drużyny. Nawałka stawiał na młodych piłkarzy, choć przecież Milika kibice nie przyjęli ciepło – wspomina prezydent Zabrza.

Szkoleniowiec miał nad sobą parasol ochronny trzymany przez Mańkę-Szulik, a on z kolei trzymał nieco mniejszy nad głową zdolnego 17-latka. Arkadiusz Milik testował jego cierpliwość przez siedemnaście meczów, w których nie potrafił strzelić gola.

– Zdejmij go! Nie nadaje się – trener regularnie słyszał za plecami na stadionie.

Nie brał sobie tego do serca, tylko uparcie trzymał nastolatka na boisku. Dla dodania mu pewności siebie pozwolił wykonywać stałe fragmenty gry. Milik w końcu się odblokował i zaczął strzelać.

Łukasz Mazur jako prezes Górnika współpracował z Nawałką trzynaście miesięcy. Obaj to silne charaktery, często dochodziło między nimi do scysji. Ktoś musiał ustąpić. Zazwyczaj w takich przypadkach jest to trener, ale pozycja Nawałki była tak mocna, że to Mazur opuścił Górnik.

– Starałem się pilnować, żeby był trenerem, a nie człowiekiem od wszystkiego w klubie. Przejęcie przez niego władzy w Górniku odbywało się po cichu i za zgodą pani prezydent. Największą wadą Nawałki są jego zapędy dyktatorskie. W obecności piłkarzy zjechał jak gówniarza mojego następcę, Tomasza Młynarczyka. Jeszcze kiedy byłem w klubie, pomijał drogę służbową i jeśli czegoś chciał, to zwracał się bezpośrednio do Mańki-Szulik. Z nami się nie liczył – krytykuje selekcjonera Mazur.

Fragment wywiadu z wiceprezydentem Zabrza Krzysztofem Lewandowskim w „Gazecie Wyborczej" dotyczący roli kolejnego trenera Górnika, Roberta Warzychy:

KL: Chciał transferów, ale nie był wystarczająco zdeterminowany, by przekonać do nich panią prezydent. Pamiętam determinację, jaką miał w tym temacie trener Nawałka. Ona była znacznie większa.

GW: **Co oznacza, że Warzycha nie był wystarczająco zdeterminowany?**

KL: Kiedy trener Nawałka oczekiwał wzmocnień, regularnie dzwonił do pani prezydent i starał się ją przekonać. Trener Warzycha aż tak bardzo zdeterminowany nie był.

GW: **Warzycha był trenerem, więc powinien zająć się trenowaniem. To zaś, że Nawałka klubowych działaczy pomijał i sam dzwonił do prezydent Zabrza, było zachwianiem klubowej hierarchii. Po co byli w klubie ci prezesi, skoro trener i tak się z nimi nie liczył?**

KL: Moim zdaniem to był dowód tego, jak bardzo trenerowi Nawałce zależało na tych transferach. A klubowych prezesów nie pomijał, z nimi też rozmawiał. Sytuacja, kiedy to trener rozmawia jednocześnie z zarządem i właścicielem, jest spotykana w wielu klubach.

Mazur nie był jedynym, który odszedł z klubu, bo nie mógł porozumieć się z Nawałką. Artur Płatek razem z Tomaszem Wałdochem odpowiadali za skauting w Górniku.

– Sprowadzaliśmy młodych graczy z perspektywą zarobku. Za naszych czasów przyszli Olkowski, Nakoulma czy Słowacy. Zdecydowałem, żeby zapłacić 400 tysięcy złotych za Arka Milika z Rozwoju Katowice. Być może Nawałka myślał, że czyham na jego miejsce. Ale mnie nic takiego nie interesowało. W końcu stało się jasne, że w klubie jest o jedną osobę za dużo. Po pięciu miesiącach odszedłem do Pogoni – skaut Borussii Dortmund wraca do przeszłości.

Z klubu odszedł też Wałdoch. W jego przypadku zdecydowały ponoć sprawy rodzinne.

– Mówi się, że przy Nawałce urośli niektórzy piłkarze. Ale już z ich wyszukiwaniem nie miał nic wspólnego, to Płatek znalazł Milika czy Olkowskiego – potwierdza Mazur. – Nawałka chciał oddać Skorupskiego do Pogoni Szczecin, ale się sprzeciwiliśmy i wypożyczyliśmy go do Ruchu Radzionków. Na swoje konto może za to zapisać inne transfery. Za 150 tysięcy złotych kupił Konrada Cebulę z Cracovii. Nawet nie wiem, gdzie on dzisiaj gra. Naciskał też na sprowadzenie Mateusza Słodowego, choć zarząd się temu sprzeciwiał – kontynuuje były prezes Górnika.

Nawałka pracował w Zabrzu prawie cztery lata. Przyszedł do Górnika, kiedy ten grał w I lidze i po pół roku awansował do ekstraklasy. Najlepszy był dla niego sezon 2012/13, kiedy zajął piąte miejsce.

– Jeden z prokurentów Górnika stwierdził, że za rządów Nawałki klub miał w lidze czwarty budżet pod względem płac. A z tym trenerem nie odniósł żadnych sukcesów. Do europejskich pucharów awansował Piast, Ruch był wicemistrzem, tylko Górnik nic nie osiągnął – atakuje były prezes.

Możliwe, że gdyby w Górniku Zabrze Arkadiusz Milik nie trafił na tak cierpliwego trenera jak Adam Nawałka, nie grałby dziś u niego w reprezentacji Polski.

Sukcesów rzeczywiście nie było, ale łatwo wyliczyć piłkarzy, którzy rozwinęli się przy Nawałce. Milik gra w Ajaksie (Górnik dostał za niego 2,6 miliona euro), Łukasz Skorupski jest piłkarzem Romy (odszedł za 900 tysięcy euro) wypożyczonym do Empoli, Paweł Olkowski podpisał kontrakt z 1. FC Köln. Michał Pazdan i Krzysztof Mączyński regularnie dostają powołania do kadry.

Kiedy Nawałka odchodził do reprezentacji, zabrzanie byli wiceliderem i mieli tyle samo punktów co prowadząca Legia.

– Ci, którzy wcześniej wołali, żeby go zwolnić, później oczekiwali, że go nie puszczę. Gdybym miała jakiś wpływ, może i tak bym zrobiła, ale przede wszystkim czułam wagę sprawy. Wiedzieliśmy, że kadra czeka na trenera z wizją. Dla Górnika ten trener był bezcenny, a za jego odejście zapłaciliśmy wysoką cenę – przyznaje Mańka-Szulik.

Zastąpił go Ryszard Wieczorek, ale Górnik już tylko pikował w tabeli. Po czterech miesiącach zmieniono trenera. Ktoś porównał przejmowanie w tamtym okresie zespołu po Nawałce do kupowania akcji, kiedy mają największą wartość. Szanse, że pójdą w górę są niewielkie, bardziej prawdopodobne, że zaczną spadać.

ROZDZIAŁ XXV

Nominacja

Dziennikarze zjeżdżali się z różnych stron Warszawy do przestronnej sali konferencyjnej hotelu Sofitel-Victoria, która tego dnia, 29 października 2013 roku, miała pomieścić wiele osób. Od trzech dni nad PZPN wreszcie unosił się biały dym, oznaczający, że wybrano nowego selekcjonera. Nie było więc niespodzianki, kiedy na salę w towarzystwie Zbigniewa Bońka wkroczył Adam Nawałka.

Nie był jedynym kandydatem prezesa PZPN. Boniek zastanawiał się nad zatrudnieniem Lars Lagerbäcka, selekcjonera reprezentacji Islandii, ale problemem okazały się terminy i listopadowe mecze jego drużyny w barażach do mistrzostw świata. W tym czasie Polska miała zaplanowane towarzyskie spotkania ze Słowacją i z Irlandią. Boniek chciał, żeby kadrę poprowadził w nich już nowy selekcjoner, więc Lagerbäck z wiadomych względów odpadał.

Prezes PZPN spotkał się również z Dariuszem Wdowczykiem, a później wypuścił kontrolowany przeciek do mediów, że trener Pogoni Szczecin jest jednym z kandydatów do objęcia funkcji selekcjonera. Zamierzał sprawdzić reakcję opinii publicznej w związku z jego korupcyjną przeszłością. Szybko przekonał się, że nazwisko Wdowczyka może skreślić z listy – wrzawa, jaka podniosła się w mediach w związku z przymierzanym do fotela selekcjonera szkoleniowcem, była tak duża, że Boniek nie mógł sobie pozwolić na to, by pójść pod prąd.

Do Nawałki pierwszy raz zadzwonił cztery miesiące przed nominacją. Po remisie reprezentacji z Mołdawią szanse na awans do mistrzostw świata w Brazylii drastycznie zmalały. Wielu domagało się głowy Waldemara Fornalika, ale prezes pozostawił go na stanowisku do końca eliminacji. Spotkał się jednak z Nawałką i kazał mu uważniej przyglądać się grze i funkcjonowaniu kadry.

Rozmawiam z Bońkiem o powodach, dla których zwrócił uwagę na tego trenera.

Czym pana ujął Adam Nawałka?

Wiedziałem, że dobrze zna polskich zawodników i potrafi z nimi rozmawiać. Nie przestraszy się ich sławy. Lubi też konkretną pracę, haruje od rana do wieczora. Szukałem Polaka, żeby nie przeszkadzała bariera językowa. No i chciałem, żeby trenował piłkarzy, a nie dziennikarzy i nie starał się błyszczeć w mediach.

To, że graliście razem w reprezentacji, miało znaczenie?

Żadnego. Nasze drogi jako piłkarzy rozeszły się, kiedy Adama zaczęły prześladować kontuzje. Grał coraz mniej, coraz rzadziej przyjeżdżał na zgrupowania kadry. Staliśmy się takimi zamrożonymi kolegami, kontakty nie były zażyłe. Po latach, kiedy został trenerem, pomagałem mu wyjeżdżać na staże do Włoch. Raz też zadzwoniłem do niego, kiedy jeden z włoskich klubów interesował się Milikiem. Zapytałem o opinię. Przed pierwszą rozmową o pracy w charakterze selekcjonera nie widzieliśmy się rok, może półtora.

Długo trwały negocjacje?

Wszystko potoczyło się błyskawicznie. Stawianie na Waldka Fornalika nie miało już sensu. Jego niektóre powołania były zaskakujące, m.in. starego Lewandowskiego czy Majewskiego. Reprezentacji nie było. Po porażce na Wembley pożegnałem się z nim, a po kilku dniach przedstawiliśmy nowego selekcjonera. Na początku Adam zastanawiał się, czy do końca sezonu nie łączyć nowej pracy z tą w Górniku. Powiedziałem mu, że tego nie da się pogodzić i sam się o tym przekona. Po zgrupowaniu w Grodzisku Wielkopolskim przyznał mi rację.

Po pierwszej konferencji Nawałki wspólnie z innym dziennikarzem „Przeglądu Sportowego", Tomaszem Włodarczykiem, spotkaliśmy się z nim na ekskluzywnej rozmowie w kameralnej sali nieopodal recepcji w Sofitelu-Victorii. Miał prawo być już zmęczony zamieszaniem wokół niego i wywiadami, a czekała go jeszcze wizyta w telewizji. Spojrzał na zegarek, była 16.30.

– Kiepska pora na kawę, ale w tym przypadku potrzebuję. Oczywiście cappuccino – zamówił zdecydowanie.

Rozmowie przysłuchiwał się Janusz Basałaj, szef departamentu mediów w PZPN i zaufany człowiek selekcjonera. Wtedy miał więcej pracy niż dziś, bo Nawałka jeszcze rozmawiał z przedstawicielami mediów, a Basałaj pomagał umawiać wywiady.

Po pierwszych meczach selekcjoner uznał, że już rozmawiać nie będzie. Przynajmniej oficjalnie.

Prezes PZPN Zbigniew Boniek i selekcjoner Adam Nawałka, kiedyś koledzy z reprezentacji, dziś najważniejsi w polskim futbolu.

PZPN
Orange
Orange
Orange
BLACK
BLACK
KREISEL
KREISEL

Być może skorzystał z przykrych doświadczeń Jacka Gmocha, którego cenił za wprowadzanie nowinek do piłki, ale był też świadkiem błędów popełnianych przez niego w kontaktach z dziennikarzami, gdy był selekcjonerem. Gmoch bardzo szybko skonfliktował się z nimi, nazywał szakalami, pouczał, trudno mu było pogodzić się z krytyką. Zanim zdążył przebudować reprezentację, otworzył front, na którym tracił zasoby energii. Nawałka zachowuje się inaczej, poza konferencjami prasowymi odciął się od mediów. Czasem uda się do niego dodzwonić i może coś wyjaśnić, ale bez prawa do cytowania.

Spędziliśmy wtedy z nim prawie godzinę, zadaliśmy kilkadziesiąt pytań, a z odpowiedzi wyłaniała się jego wizja kadry. Oczywiście później nieco skorygował plany, ale zarys funkcjonowania reprezentacji prowadzonej przez Nawałkę można już było wychwycić. Oto najważniejsze punkty:

O Lewandowskim, z którego umiejętności nie potrafiła skorzystać reprezentacja:

– To nie tak, że Robert przechodzi obok meczu. Widzę jego zaangażowanie, czasem frustrację – zwłaszcza w ostatnich meczach. Narastała w nim złość sportowa, taka pozytywna. Ten potencjał z pewnością nie jest wykorzystany. Zarówno jeśli chodzi o zmysł snajperski czy moment finalizacji akcji, bo potrafi się świetnie ustawić. Ma również nosa do gry kombinacyjnej. To zawodnik klasy światowej i trzeba zrobić wszystko, żeby maksymalnie wykorzystać jego umiejętności.

Mam na niego pomysł. Trzeba zmienić bardzo ważny szczegół w organizacji gry reprezentacji w ataku. Będziemy starali się zwiększyć liczbę atakujących piłkarzy i tak prowadzić grę, żeby możliwości rozegrania piłki były większe niż do tej pory.

O planowanych podróżach do piłkarzy i ich klubowych trenerów, które staną się znakiem rozpoznawczym Nawałki:

– Bezpośredni kontakt z zawodnikami jest dla mnie bardzo ważny. Nieraz największe rezerwy są ukryte w ich sferze mentalnej. Zamierzam użyć wszystkich argumentów i środków, żeby wykorzystać potencjał każdego z nich. Będę rozmawiać nie tylko z kadrowiczami, ale też ich trenerami. Dzięki temu wzrośnie też prestiż reprezentantów w klubie. Nie mówię o Robercie Lewandowskim czy Kubie Błaszczykowskim, którzy zapracowali na swoje pozycje i takiej pomocy nie potrzebują. Są jednak inni piłkarze. Poza tym sam byłem trenerem klubowym i wiem, jak ważne jest ułożenie dobrej współpracy z selekcjonerem.

O podejściu piłkarzy do występów w reprezentacji:

– Przyjazd na zgrupowanie reprezentacji ma sprawiać przyjemność. Spotykamy się w niej i mamy wspólny cel. Nie analizuję, jak to wyglądało wcześniej. Sami wiemy, że wynik scala, zwycięstwo zwiększa morale. Ostatnio wygranych było bardzo mało i to powód, dlaczego drużyna nie odpaliła. Jeżeli któryś z piłkarzy zamierza prowadzić własną politykę w reprezentacji, to nie będzie dla niego miejsca. Nikt nikogo nie zmusza do gry w niej.

Chcę stworzyć grupę gotową do wielkich poświęceń. Do ostatniego gwizdka żadnemu z nich nie może przejść przez myśl, że straciliśmy szanse na zwycięstwo. Od tego jestem, żeby wiara w wygraną była jak największa. Integracja pomoże mi wprowadzić to, czego wymagam. Reprezentanci nie muszą się kochać. Wiem, że to niemożliwe i nikogo nie będę zmuszać. To, że jeden przyjaźni się z drugim, a obok jest grupa innych chłopaków, którzy świetnie się rozumieją, nie ma znaczenia. Oni przede wszystkim muszą się szanować, zdawać sobie sprawę, w jakim miejscu się spotkali. To jest reprezentacja Polski.

Dwa i pół roku temu brzmiało to tak ładnie i efektownie, że aż trudno było uwierzyć, iż uda się to zrealizować. Nawałka szybko zamierzał pokazać, że nie rzuca słów na wiatr.

Już wcześniej zdiagnozował problemy reprezentacji, która w kiepskim stylu przegrała eliminacje mistrzostw świata (z dziesięciu meczów wygrała trzy – z Mołdawią i dwa razy z San Marino), a nastroje rozczarowanych kibiców wokół niej wciąż się pogarszały.

Nawałka zastępował Waldemara Fornalika, selekcjonera, który nie został zapamiętany jako ten, który pchnął biało-czerwonych na nowe tory, ale też nie odchodził jak Franciszek Smuda w asyście złowrogich i pełnych pretensji narzekań. Fornalikowi nie udało się z grupy zawodników, co miesiąc zjeżdżających się z różnych części Europy, stworzyć zespołu. Artur Boruc po drugiej porażce z Ukrainą w eliminacjach mówił, że ma swoje przemyślenia dotyczące kadry, ale zachowa je dla siebie. Bramkarz Southampton pamiętał atmosferę z zespołu Leo Beenhakkera, który awansował na EURO 2008. Wtedy zawodnicy czuli się jednością, szatnia kipiała od charakterów, a to wszystko przekładało się na boisko.

Kadrę Fornalika jeden z jej najstarszych zawodników nazywał przedszkolem. Przedszkolem, bo kadrowicze w czasie zgrupowań zamykali się w podgrupkach w pokojach i organizowali turnieje na konsolach. Skończyło się wspólne przesiadywanie w szerszym gronie, owszem z koszarowymi żartami czy docinkami, ale jednak w przepisie na stworzenie drużyny niezbędne, bo spajające grupę.

Reprezentanci Fornalika cenili i... nic poza tym. Nie było żadnej więzi, kadrowicze opowiadali się za jego pozostaniem głównie dla własnej wygody. Nowe, znaczy nieznane. U przyszłego selekcjonera nie dla wszystkich mogło wystarczyć miejsca.

Wcześniej Fornalik dał się poznać jako analityk, którego krew w żyłach pozostawała zawsze zimna. Praca selekcjonera wymaga dodatkowych umiejętności. Trzeba być bardziej zarządcą niż trenerem, bo w trakcie trzech zajęć przed meczem niewiele można zrobić. Fornalik miał z tym kłopot. Latem 2012 roku, kiedy decydowano o zmianie selekcjonera, odpowiedzialne za wybór osoby musiały tego nie wiedzieć albo przymknąć na to oko. Fornalik to budowniczy, który potrzebuje codzienności, jak w klubie, żeby postawić solidne fundamenty. W reprezentacji, gdzie budować trzeba szybko, nie zdawało to egzaminu.

Jego poprzednicy wybierali różne metody na znalezienie nici porozumienia z zespołem. Beenhakker miał ułatwione zadanie, bo w pierwszych miesiącach piłkarze byli w niego wpatrzeni jak w obrazek, Jerzy Engel trafił na zżytą grupę, której wystarczyło nie przeszkadzać. Radosław Kałużny wspominał, jak selekcjoner cztery dni przed meczem wchodził do pokoju, gdzie siedzieli zawodnicy (miał pytać, kto tam jest, bo w papierosowym dymie niewiele było widać), i oznajmiał, że czas wziąć się do roboty i koniec z rozprężeniem. To zdawało egzamin. Fornalik nie potrafił dotrzeć do zawodników, nie wypracował żadnego kodu, dzięki któremu porozumiewałby się z nimi. Przekonać ich do siebie mógł jedynie wynikami. Tych od początku nie było. Pogubił się w selekcji, budował drużynę z takim rozmachem, jakby nie zdawał sobie sprawy, że jego największym wrogiem jest czas.

W dziesięciu meczach eliminacji na kluczowej pozycji ofensywnego pomocnika zagrało pięciu zawodników (Obraniak, Mierzejewski,

Majewski, Zieliński, Klich). W porównaniu do spotkania z Czarnogórą, którym biało-czerwoni zaczynali walkę o wyjazd do Brazylii, w meczu o być albo nie być z Ukrainą wystąpiło tylko trzech tych samych piłkarzy. Rotacja była zbyt duża, w spotkaniu z Ukrainą selekcjoner szukał po omacku i wpuścił na boisko trzech zawodników (Wojtkowiak. M. Lewandowski, Peszko), których w tamtych eliminacjach jeszcze nie widzieliśmy. Zabrakło stabilizacji składu.

Co zostało po Fornaliku? Wiele niewiadomych. Lewandowski wciąż nie strzelał goli, brakowało mu wsparcia, obrona była rozchełstana, bez wyraźnych liderów. Selekcjoner chwalił się wprowadzeniem młodzieży, ale w dniu próby z jej pomocy skorzystał w ograniczonym stopniu. W Charkowie średnia wieku podstawowej jedenastki wyniosła 27,1 lat.

Nawałka zdawał sobie sprawę z błędów poprzednika i miał nad nim tę przewagę, że na przygotowania do meczu o punkty dostał dziesięć miesięcy. Fornalik zaczynał poważną grę zaraz po nieudanym EURO 2012.

Nowy selekcjoner nie mógł jednak liczyć na takie zaufanie kibiców, jakie miał choćby Franciszek Smuda na tym stanowisku. W jego zdobyciu nie pomógł sobie pierwszymi powołaniami. Polską ligę znał świetnie, liczył, że znajdzie tam piłkarzy, którzy mogą rywalizować w reprezentacji. Na zgrupowanie do Grodziska Wielkopolskiego zjechało wielu ligowców. Niektórzy pierwszy i ostatni raz.

Boniek dziś przyznaje:

– Nawet ucieszyłem się z takich powołań. Adamowi mogło się wydawać, że piłkarze z ekstraklasy są na takim samym poziomie jak ci z lig zagranicznych. Szybko przekonał się, że to dwa różne światy.

Nawałka najwięcej obiecywał sobie po Marcinie Kamińskim. Lechita miał być nowym liderem obrony reprezentacji, zaraz po otrzymaniu nominacji selekcjoner mówił o nim, że jest jednym z najciekawszych piłkarzy, którzy grają w Polsce na pozycji środkowego obrońcy, i docenia jego potencjał.

Na pierwszym zgrupowaniu zabrakło za to Kamila Glika, bez którego teraz nie można sobie wyobrazić polskiej defensywy. Być może wpływ na to miała jego scysja z Bońkiem w szatni na Wembley po ostatnim meczu eliminacyjnym z Anglią, kiedy prezes miał do niego pretensje za utratę drugiego gola. Kiedy jednak Kamiński zawiódł już w debiucie Nawałki, ten wrócił do pominiętego zawodnika Torino.

W pierwszych meczach selekcjonera, ze Słowacją i z Irlandią, wszystko, co miało pójść źle, poszło źle. Reprezentacja pierwsze spotkanie przegrała, drugie zremisowała po bezbarwnej grze, w obu nie potrafiła strzelić gola.

– Znowu to samo – miał prawo pomyśleć Nawałka po porażce 0:2 ze Słowakami.

Debiuty rzadko mu wychodzą. Przegrywał w nich jako zawodnik w ekstraklasie, jako reprezentant Polski i również w pierwszym meczu, w którym usiadł na ławce jako trener.

Spotkanie Nawałki z najlepszymi polskimi graczami w Grodzisku Wielkopolskim było dla nich zaskoczeniem. Wcześniej słyszeli o jego metodach, przed pierwszym treningiem podpytywali jeszcze graczy Górnika, ale wkrótce sami przekonali się o stanowczości trenera. Nawałka, tak jak zapowiadał, przeniósł reguły z klubu do reprezentacji, choć wkrótce z niektórych będzie musiał się wycofać.

Jeszcze wtedy piłkarze Borussii Dortmund czy Arsenalu Londyn musieli jednak przestrzegać tych samych zasad, co wcześniej zawodnicy w Krzeszowicach czy Nowym Sączu i cierpliwie czekać przy stole, aż trener da sygnał, że mogą jeść.

Już na starcie selekcjonerowi podpadł Adrian Mierzejewski nie tylko tym, że spóźnił się na zajęcia. Nawałka nalega, żeby na każdym treningu odwzorowywać warunki meczowe, żeby piłkarze ćwiczyli skoncentrowani i podchodzili do obowiązków tak, jakby na trybunach siedziało 40 tysięcy ludzi. Kiedy w trakcie wewnętrznej gierki jest rzut karny, to wokół strzelca zawodnicy mają ustawiać się tak, jakby grali poważne spotkanie i byli przygotowani do kolejnych wydarzeń. Mierzejewskiemu przychodziło to z trudem, podczas treningów zdarzało mu się być rozkojarzonym, co denerwowało Nawałkę. Więcej już u niego nie zagrał.

Również Grzegorz Krychowiak po pierwszym zgrupowaniu i meczu ze Słowacją znalazł się na cenzurowanym, ale szybko wyciągnął wnioski. Nawałka za wszelką cenę chciał pokazać, że w kadrze nie będzie świętych krów.

Nie ma nic ważniejszego niż drużyna.

– Pod maską człowieka ujmującego, eleganckiego, z którym każdy ma przyjemność przebywania, Adam jest niezwykle twardy. Powiedziałbym bezwzględny. Nie w relacjach z ludźmi, ale w egzekwowaniu założeń i wizji gry pokazuje nieprzejednaną twarz selekcjonera – ocenia Basałaj.

ROZDZIAŁ XXVI

Selekcjoner

W filmie „Początek", dokumentującym drogę reprezentacji do francuskiego EURO, znalazła się scena, która na pierwszy rzut oka ma niewielkie znaczenie. Jako jeden z pierwszych na zgrupowanie przed meczem z Irlandią dociera Maciej Rybus. Trenerzy siedzą w lobby, kończą kawę. Na widok piłkarza pierwszy podrywa się Adam Nawałka. Wypytuje go o zdrowie, robi zatroskaną minę, gdy słyszy, że jest poobijany po meczu Tereka.

Jacek Gmoch widzi w tym elementy socjotechniki. Rybus może poczuć się tak, jakby trener czekał tylko na niego.

– Adam ma to opanowane, widać, że nad tym pracował. Pozwala piłkarzom wierzyć, że są dla niego najważniejsi – zauważa były selekcjoner.

Inna scena, też ze zgrupowania reprezentacji, ale sprzed kilku lat. Janusz Basałaj, wtedy dziennikarz „Polski The Times", przyjechał do hotelu na spotkanie z Leo Beenhakkerem. Zaczęli rozmowę, nagle selekcjoner zerwał się z fotela. Zauważył kręcących się przy recepcji reprezentantów – Wojciecha Łobodzińskiego i Radosława Matusiaka. Ruszył w ich kierunku.

– Sorry, dziennikarze są ważni, ale piłkarze ważniejsi – zdążył jeszcze usprawiedliwić się przed Basałajem, zanim wylewnie przywitał się z kadrowiczami.

Nawałka umie wyciągać wnioski.

– W przygotowaniu mentalnym Leo był naprawdę dobry. Docierał do piłkarza lepiej niż inni. Wydawało się, że wszystko jest OK, a on jeszcze wyłapywał rzeczy, które sprawiały, iż dostawali dodatkowego kopa energetycznego – chwalił Beenhakkera selekcjoner. Holender potrafił natchnąć reprezentantów, to przenosiło się na boisko, zwyciężali również dla niego. U jego boku przez ponad rok Nawałka udoskonalił podobną umiejętność. W głowach zawodników szuka rezerw, które pozwolą im przekroczyć własne bariery.

Basałaj zobaczył energię trenera, która przenika piłkarza i go osacza, podczas trudnej rozmowy z Ludovikiem Obraniakiem w Bordeaux, którą tłumaczył. Obraniak wahał się wtedy, czy występować w reprezentacji.

– Ludo, chcesz grać w kadrze czy nie?

– Zastanowię się, zobaczę.

– Tu nie ma co się zastanawiać. Na nic cię nie namawiam, ale musisz zdecydować. Jeśli odmówisz, to nic się nie dzieje, a my odjeżdżamy.

– No nie wiem.

– Ludo, konkretna odpowiedź. W prawo albo w lewo.

Nawałka dał mu do zrozumienia, że pokonał tyle kilometrów tylko po to, by poznać jego zamiary. Obraniak w końcu zdecydował się przyjechać na zgrupowanie. Wyszło, jak wyszło, zagrał w reprezentacji dwa razy, ale Nawałka cel osiągnął i wyciągnął od niego deklarację.

Nie od razu przekonał do siebie reprezentantów. Pierwsze zgrupowanie nie przełamało lodów, ich relacje zaczęły się ocieplać podczas kolejnych spotkań. Selekcjoner nakreślił twarde reguły, które sprawdziły się w Górniku Zabrze, ale kadrowicze nie byli przekonani nawet do z pozoru nieistotnych rzeczy, takich jak zakładanie ochraniaczy na treningi. U Nawałki był to obowiązek i tak piłkarze ćwiczyli podczas zgrupowania w Grodzisku Wielkopolskim. Nie wszyscy mieli na to ochotę i w końcu namówili trenera, żeby od tego odstąpił.

Nie muszą też w trakcie przerw zbiegać do szatni. Wcześniej selekcjoner żądał, żeby zawodnicy nie schodzili, tylko właśnie zbiegali i jak najszybciej znaleźli się przy nim. W reprezentacji na początku musieli to robić, ale i od tego odstąpiono.

Podobnie było z organizowaniem im czasu wolnego. Nawałka wiedział, że wcześniej zbierali się w grupki i zamykali w pokojach, więc chciał ich stamtąd wyciągnąć i spowodować, że więcej czasu spędzą wspólnie. Stąd wypady na ściankę wspinaczkową, strzelnicę czy do tunelu aerodynamicznego, pływanie pontonami po Bałtyku lub gra w golfa. Tych atrakcji jest już mniej, choć oczywiście zdarzają się wyjścia do kina, bo reprezentanci wytłumaczyli Nawałce, że nie musi ręcznie sterować procesem integracji, o który sami już dbają.

Oni cenią to, że ich słucha. Okazał się elastyczny, nie upierał się przy wszystkich zasadach. Sam też musiał nauczyć się specyfiki kadry. Kiedy widział, że to, co zaproponował, nie trafiało do nich i na niektórych pomysłach się sparzył, szybko się z nich wycofywał. Przy swoich wielu wymaganiach nauczył się chodzić na kompromis.

Po skupionym na sobie Franciszku Smudzie czy introwertycznym Waldemarze Fornaliku selekcjonerem został ktoś, kto zaraża piłkarzy energią i dba o to, by roznosiła się podczas zgrupowań. Wszyscy włączeni do sztabu – nawet jeśli wydają sprzęt albo nagrywają materiały filmowe dla związkowego kanału Łączy Nas Piłka – mają czuć się odpowiedzialni za drużynę.

Relacje z piłkarzami Nawałka pielęgnuje cały czas, jest to okupione wysiłkiem i powodowane wielkimi chęciami. Czym ich przekonał? Empatią, wyczuwaniem tego, czego potrzebują.

– Traktuje ich jako inteligentnych, młodych ludzi, z którymi można porozmawiać na wiele tematów. Kiedy dzwonią się poradzić, czy zmieniać klub, nie nakazuje: „Nie idź tam", tylko każe się zastanowić, czy to dobry wybór. To reguła wzajemności, Nawałka daje coś komuś, w przypadku piłkarzy troskę i zainteresowanie, ale ma w tym swój cel. Nie robi tego jednak w sposób sztuczny, bo zawodnicy szybko by go rozgryźli – zauważa jego współpracownik.

Nawałka idzie z duchem czasu, rozwija się, współpracuje z trenerem mentalnym. Wie, że dziś szkoleniowiec to typ nowoczesnego menedżera zarządzającego zespołem. Inspirował się stylem zachodnich trenerów, ale przełożył to na mentalność polskich piłkarzy. Stał się strategiem, szachistą, który usiadł do partii i wie, po co wykonuje kolejny ruch oraz potrafi przewidzieć jego konsekwencje. I gra nieustannie, kreśli taki swój wizerunek, jaki jest mu potrzebny. Jest perfekcjonistą, owszem, ale perfekcjonistą rozwijającym się, który nie robi tego samego od 20 lat.

Choć i jemu zdarzają się błędy, tak było z okolicznościami przekazania opaski kapitana Robertowi Lewandowskiemu. Nie chodzi o samą decyzję, tylko o formę, w jakiej dowiedział się o tym tracący dowodzenie Jakub Błaszczykowski. Trener wcześniej sam zapędził się w kozi róg. Na pierwszej konferencji poinformował dopytujących o to dziennikarzy, że przy wyborze kapitana kierować się będzie liczbą występów

Adam Nawałka od początku pracy w reprezentacji wiedział, że kluczem do sukcesu będzie odpowiednie wykorzystanie potencjału Roberta Lewandowskiego.

w reprezentacji. To znaczyło, że będzie nim nadal Błaszczykowski. Kiedy pomocnik Borussii leczył kontuzję, trener wyznaczył Lewandowskiego. Hierarchia nie zmieniła się po powrocie tego pierwszego do zdrowia, Nawałka latał do Dortmundu łagodzić napięcie, ale niewiele to pomogło. Błaszczykowski jest szczególnie wrażliwy, kto raz nadużyje jego zaufania, ma duży problem, żeby je odzyskać. To do Nawałki rozpadło się na kawałki. Piłkarz miał żal nie o samą decyzję, ale jego wcześniejsze deklaracje.

Za to w reprezentacji urósł Lewandowski. Selekcjoner go słucha, gdy ten mówi o organizacji życia drużyny poza boiskiem. Pomostem między zawodnikami a trenerem jest menedżer kadry Tomasz Iwan. Kiedy trzeba, wyjdzie z nimi na boisko i pogra w „dziadka", nabijając się z wyszkolenia technicznego niektórych, albo też pomoże zorganizować wspólny wypad. Gdy po towarzyskim spotkaniu z Litwą w Gdańsku wymyślili integracyjną imprezę, Iwan okazał się nieoceniony przy jej planowaniu.

Zgrupowanie nad Bałtykiem prezes Zbigniew Boniek nazywa kluczowym w pracy selekcjonera i uważa, że wtedy, w przededniu eliminacji, narodziła się drużyna. Tam Nawałka zagrał dwójką napastników, tam pierwszą bramkę dla reprezentacji za jego kadencji zdobył Robert Lewandowski, który później został najlepszym strzelcem eliminacji. Trafił też Arkadiusz Milik, również pierwszy raz u selekcjonera i on też w meczach o punkty stał się ważną postacią zespołu.

Nawałka na początku prosił o pół roku spokoju, zapowiadał, że po tym okresie będzie można mówić o efektach jego pracy. Egzaminem miał być właśnie mecz z Litwą. Pierwsza połowa była niewarta zapamiętania, ale w drugiej coś się ruszyło, akcje zaczęły się zazębiać, a piłkarze lepiej rozumieć. Polacy pokonali Litwinów 2:1 i – nie licząc zwycięstw ligowców na zgrupowaniu w Abu Zabi – była to pierwsza wygrana kadry w najsilniejszym składzie u tego selekcjonera.

Na początku zgrupowania pojawiła się informacja, która zdominowała jego pierwsze dni – opaska już na stałe miała trafić do Lewandowskiego. Napastnik żegnający się właśnie z Borussią Dortmund musiał odnaleźć się w nowej roli. Akurat był koniec sezonu, Lewandowski zaproponował Nawałce, że po meczu zaprosi drużynę na imprezę do Sopotu. Selekcjoner nie miał nic przeciwko temu. Przyszli wszyscy, bawili się wspólnie.

– Tam narodziła się drużyna – można powtórzyć za Bońkiem.

Nawałka zbudował więź z piłkarzami i wzbudził w nich przekonanie, że ich problemy są jego problemami. Ma specyficzny sposób rozmowy z nimi – jakby dzwonił starszy kumpel albo ktoś życzliwy z rodziny: „Jak się grało, Wojtuś? Co tam dobrego, Robert?". Niby nic wielkiego, ale tym zdobywa zawodników. Doceniają, że trener się nimi interesuje.

Piotr Skorobowski, który zna Nawałkę od czasów wspólnej gry w Wiśle, słyszał jedną z takich rozmów. Zadzwonił przygnębiony kadrowicz:

– Trenerze, dziś nie grałem.

– Nic się nie dzieje. Widzimy się na zgrupowaniu, jesteś tam, bo ja w ciebie wierzę – uspokoił go Nawałka.

Skrobowski pół żartem, pół serio mówi, że kiedy kaszlną, to pewnie dzwonią do trenera, czy mogą wziąć aspirynę.

Jakub Wawrzyniak uważa, że właśnie takie detale decydują o sukcesie, podoba mu się, że Nawałka i jego ludzie są w ciągłym kontakcie z reprezentantami.

– Każdy z nas czuje się obserwowany, po każdym meczu rozmawiamy albo z selekcjonerem, albo z kimś ze sztabu. Żadne dobre zagranie, ale też pomyłka nie ujdzie jego uwagi. To powoduje, że każdy czuje się potrzebny tej reprezentacji. Czy jesteś numerem jeden, chociaż po wyczynach Roberta Lewandowskiego ta pozycja jest zarezerwowana, czy jesteś ostatni w rankingu. Czujesz się potrzebny, ale też czujesz się częścią większej grupy, jakiejś całości. Mam poczucie, że muszę być w formie. Że nie mogę sobie pozwolić na chwilę rozprężenia. Cały czas sobie powtarzam: „Ej, Wawrzyn, kontroluj się, bo ten gość na ciebie patrzy".

Jeśli w grudniu zeszłego roku ktoś słyszał w Krakowie potężny huk, był to kamień, jaki spadł z serca Bartosza Kapustki. Wcześniejsze wyjście nocą do klubu Frantic zakończyło się dla niego nieprzyjemnie – bijatyką i opuchniętą twarzą. Zajście długo nie mogło utrzymać się w tajemnicy. Kapustka wahał się, czy zadzwonić do selekcjonera i samemu poinformować go o wydarzeniach z lokalu. Z obawami wybrał jego numer. Nawałka po tym, jak wysłuchał opowieści, rozładował atmosferę.

– Ale, Bartuś, szybki jesteś przecież, następnym razem musisz stać niżej na nogach, to cię nie trafią.

Wyczuł, w jakim stanie psychicznym jest nastolatek i jaki skutek mogłyby przynieść jego połajanki, dlatego odrzucił rolę srogiego trenera.

ROZDZIAŁ XXVII

Testosteron

W siedzibie PZPN Adam Nawałka i jego ludzie zajmują mały pokój wcześniej przeznaczony tylko dla selekcjonera. Oni zrobili z tego centrum poświęcone analizom. Spędzają tam po kilkanaście godzin dziennie.

Selekcjoner przed mistrzostwami Europy powiększył sztab analityków. Już w połowie grudnia spłynęły do niego raporty dotyczące połowy uczestników turnieju we Francji, teraz już rozpracowane są wszystkie drużyny.

Od początku wykluczyli improwizację, na każdy mecz przygotowując kilka scenariuszy wydarzeń. – Nic nas nie może zaskoczyć – powtarza Nawałka.

Selekcjoner zachwycony symbiozą trenera i jego współpracowników zaobserwowaną u innych postarał się to odwzorować najpierw w Katowicach, później w Zabrzu i teraz w reprezentacji. W Górniku stworzył najsprawniej działający sztab w polskiej lidze, składający się z 11 osób. Zebrał wokół siebie grupę oddanych i lojalnych ludzi, którym może zaufać i przekazać część obowiązków. Wobec nich jest nie mniej wymagający niż w stosunku do piłkarzy. Rygorystyczny, ale też potrafiący docenić ich poświęcenie. Z działaczami w Górniku zawzięcie negocjował premie dla sztabu, nawet masażystów. I swoje osiągnął.

Kto uderza w sztab, uderza w niego. Nawałka jest przewrażliwiony na tym punkcie, pilnuje, żeby piłkarze traktowali jego ludzi z szacunkiem. Nie tylko trenerów. Kiedy zdarzyło się, że Arkadiusz Milik opryskliwie odezwał się do kitmana, a dowiedział się o tym trener, wezwał go na rozmowę i w ostrych słowach wytłumaczył, że nie może sobie na coś takiego więcej pozwolić.

Andrzej Iwan, przyjaciel Nawałki, a kiedyś asystent w Wiśle i Zagłębiu, mówi, że już nigdy nie zdecyduje się na współpracę z nim. Wolał spędzać czas z rodziną niż kilkanaście godzin w klubie.

Iwana zaprosił do sztabu jako początkujący szkoleniowiec w Wiśle. Ten pamięta spotkanie z Polonią Warszawa, które Biała Gwiazda przegrała po golu w doliczonym czasie gry. Piłkarze byli wściekli. Po każdym meczu mieli obowiązkowe rozbieganie, ale wtedy nie za bardzo chcieli wracać na boisko. Nawałka był na konferencji prasowej, Radosław Kałużny poprosił Iwana, żeby odpuścili. Zgodził się.

– Kiedy Adam zobaczył piłkarzy siedzących już w autokarze, tak mnie opieprzył, że nasza wieloletnia znajomość przestała mieć znaczenie – mówi Iwan.

Wspólnie uznali, że lepiej będzie, jeśli przestaną współpracować. Nawałka chciał ciągle doskonalić treningi jedynie z krótką przerwą na sen, Iwan nie był skłonny aż do takich poświęceń.

Kiedy Sebastian Mila tracił opaskę kapitana w Śląsku Wrocław, wydawało się, że już nic nie osiągnie. Adam Nawałka w niego wierzył, a piłkarz został jednym z bohaterów zwycięskich eliminacji EURO 2016.

Współpracownicy muszą wytrzymać jego tempo. W Górniku masażyści trzymali dla nich w pogotowiu „power-bomby", fiolki z guaraną pozwalające odgonić sen. Wyjazdy na zgrupowanie, wcześniej w klubach, a teraz w reprezentacji, oznaczają, że przez kilka dni będą spać po cztery–pięć godzin. Narady trwają i do rana. Przed meczem z Gruzją do gry w pierwszym składzie przygotowywano Karola Linettego. Po analizie ostatniego treningu na nocnym posiedzeniu trenerzy dostrzegli jednak szczegół, który kazał im zostawić lechitę na ławce.

W Wiśle asystenci postanowili kiedyś sprawdzić, czy Nawałka w ogóle odczuwa zmęczenie. Podczas dwutygodniowego obozu spał po trzy, może cztery godziny w nocy. Byli ciekawi, czy choć raz ziewnie. Przez czternaście dni niczego nie zauważyli. Na zgrupowaniu reprezentacji zdarza się, że sztab kończy posiedzenie o godzinie 4.30, a już o 7 można spotkać Nawałkę na basenie.

Być może ta jego niespożyta energia wynika z uwarunkowań genetycznych. Kiedyś w Górniku przeprowadzono badania, poddali się im również trenerzy. Wynikło z nich, że Nawałka ma najwyższy wskaźnik testosteronu. Nie tylko spośród sztabu szkoleniowego, ale ze wszystkich badanych, również piłkarzy. Jeśli zastanawiamy się, skąd u selekcjonera tyle sił, może odpowiada za to właśnie testosteron.

Po awansie do mistrzostw Europy nie zwolnił tempa. W listopadzie Polacy grali towarzyskie mecze z Islandią i z Czechami.

– Nie możecie podejść do nich jak do sparingów. Traktujcie je jak mecze o punkty – przestrzegał kadrowiczów.

Zauważył, że po wcześniejszych awansach do wielkich turniejów w szeregi Polaków wkradało się rozprężenie trwające kilka miesięcy

W tym czasie przegrywali mecze towarzyskie. Nie chciał do tego dopuścić w swojej kadrze, stąd takie przesłania do zawodników. Poza tym spotkanie z Islandią miało dla niego dodatkowy smaczek, prowadził ją Lars Lagerbäck, o którym jako o selekcjonerze biało-czerwonych wcześniej myślał Zbigniew Boniek.

Polacy wygrali oba mecze – z Islandią 4:2, z Czechami 3:1.

Nawałka nie zostawia nic przypadkowi. Kiedy stało się jasne, że w eliminacjach mistrzostw Europy nasi piłkarze zagrają z Niemcami, rozpoczęto zbieranie informacji o zawodnikach Joachima Löwa. Za analizowanie gry rywali odpowiada w kadrze Hubert Małowiejski, lecz nie tylko on zajmował się rozpracowywaniem Niemców. Żeby im się przyjrzeć, selekcjoner poleciał na mistrzostwa świata do Brazylii, do pomocy włączył też Dariusza Pasiekę, który na żywo oglądał ich od marca (widział mecze z Chile, Argentyną i Szkocją). Polacy wytrwale szukali luk w maszynie, wydawało się, doskonałej. I znaleźli.

Pięć miesięcy przed tym spotkaniem grali jeszcze towarzysko z Niemcami w Hamburgu. Bezbramkowo zremisowali, ale to po tym spotkaniu selekcjoner podzielił się uwagą ze współpracownikami.

– To był bardzo potrzebny sparing. Dużo zobaczyłem, mam na nich pomysł.

Nie bez przyczyny większość akcji biało-czerwonych w spotkaniu na Stadionie Narodowym zaczynała się na prawej stronie. To dlatego, że Löw na lewej obronie ustawił niedoświadczonego Erika Durma, na którego naciskali Polacy, licząc, że popełni błąd. Nie pomylili się. Akcje przy obu golach zaczęły się w rejonie boiska zajmowanym przez gracza Borussii Dortmund.

Polacy doskonale zdawali też sobie sprawę z zagrożenia, jakie Niemcy stwarzają po stałych fragmentach gry. W zakończonym trzy miesiące wcześniej mundialu strzelili w ten sposób pięć goli. Zazwyczaj wyglądało to podobnie – Toni Kroos dośrodkowywał w pobliże piątego metra od bramki przeciwnika, gdzie jego koledzy już wiedzieli, co zrobić z dokładnie zagraną piłką. Polacy byli na to przygotowani. W miejscu, gdzie najczęściej trafiało podanie Kroosa, czekał już najwyższy z naszych, Łukasz Szukała, i wybijał piłkę.

Polacy zauważyli też, że Niemcy przy stałych fragmentach gry przeciwnika bronią w polu karnym całym zespołem. Uznano, że nie czują się pewnie, i opracowano pomysł, jak sforsować ich zasieki. Pojawił się tylko jeden problem. W meczu w Warszawie nie mieliśmy… żadnego rzutu rożnego.

Znając Nawałkę, przed turniejem we Francji również będzie szukał fortelu, żeby przechytrzyć Niemców, a wcześniej zdobyć na ich temat jak najwięcej informacji. Trudno mu będzie jednak przebić najsłynniejszą akcję polskich zdobywców wiadomości, a może lepiej nazwać ich szpiegami piłkarskimi.

Musimy cofnąć się o cztery lata. Jest czerwiec 2012 roku. Na Stadionie Narodowym trwają próby przed ceremonią otwarcia mistrzostw Europy, Franciszek Smuda kończy zgrywać skład Polaków, który od dawna ma w głowie, a Grecy, ich pierwszy rywal, od kilku dni ćwiczą w ukryciu. Fernando Santos zamknął treningi w Legionowie, żeby w tajemnicy przed wścibskimi spojrzeniami gospodarzy szlifować ostatnie pomysły taktyczne na inaugurację EURO. Odesłał nawet część ochroniarzy, a tych, którzy musieli zostać, ustawił tyłem do boiska.

Moment największego triumfu: piłkarze podrzucają Adama Nawałkę na boisku Stadionu Narodowego po wywalczeniu awansu do mistrzostw Europy we Francji.

Selekcjoner Greków, tworząc szczelną, jak mu się wydawało, twierdzę, nie przewidział pomysłowości Polaków. Jeden z legionowskich greenkeeperów (odpowiedzialnych za pielęgnację murawy) miał na sobie mikrokamerę, która rejestrowała treningi. Santos kazał wyłączyć monitoring wokół stadionu, ale nie wiedział, że jedna z kamer działa i nagrywa jego zajęcia. Dzięki dodatkowej obserwacji ich analiza trafiała do sztabu Polaków. Dostali precyzyjne informacje z przygotowań Greków, wiedzieli, w jaki sposób chcą rozgrywać stałe fragmenty gry. Inna sprawa, że nie wiadomo, co z tymi informacjami zrobił Smuda.

– Szukam, jak wyjść poza schemat – często można usłyszeć od obecnego selekcjonera.

W kadrze na przykład zastanawiano się, jak usprawnić podróże reprezentantów na mecze, sprawić, żeby trwały jak najkrócej, a oni marnowali w ich trakcie jak najmniej energii.

– Robert, a jak to jest rozwiązane w Bayernie? – zapytał kiedyś Lewandowskiego.

– U nas wjeżdżamy od razu na płytę lotniska bez odprawy.

I w sztabie zaczęło się sprawdzanie możliwości logistycznych, czy można podobnie transportować kadrowiczów na polskich lotniskach. Przepisy jednak zabraniają wjazdu bezpośrednio na płytę. Załatwiono za to, żeby piłkarze nie tkwili w kolejkach do odprawy i byli kierowani do wejścia dla VIP-ów.

Prosto z płyty udało się odebrać Polaków we Frankfurcie przed meczem z Niemcami i Nawałka był szczęśliwy, że zaoszczędzili czas.

Inne rozwiązanie, z którego również jest zadowolony, zastosują we Francji podczas EURO. Polacy zamieszkają w La Baule, a podróż z hotelu na pobliskie lotnisko zajmie im 20 minut. Nie jest to port rejsowy, więc nie muszą się odprawiać i od razu wsiądą do podstawionego samolotu czarterowego. Czy można mieć jeszcze wątpliwości, że jako trener niczego nie zostawia przypadkowi?

Żeby jednak nie kończyć książki opowieściami o kulcie pracy selekcjonera, lepiej pokazać, że to też facet z poczuciem humoru.

Po meczu z Gruzją usłyszał, że w gazetach został porównany do trenera Atletico Madryt. „Polski Simeone" – tak o nim pisano.

– Ale zaraz, dlaczego polski Simeone? – aktorsko się obruszył.

– A może to o nim powinni pisać „argentyński Nawałkone".

Podziękowania

Rozpoczynając pisanie książki, założyłem, że znajdę osobę, z którą na bieżąco będę mógł omawiać pracę, dyskutować nad rozdziałami, zmianami w nich itd. Na rolę książkowego powiernika zgodził się Piotrek Żelazny i dziś już wiem, że lepiej nie mogłem trafić. Porady i uwagi, które od niego dostawałem, spowodowały, że powstała książka w takiej formie, jaką mogą Państwo przeczytać. Przez te kilka tygodni z nikim nie rozmawiałem częściej niż z nim. Piotrek jest zbyt dobrze wychowany, żeby to przyznać, ale myślę, że kiedy widział wyświetlający się kolejny raz numer mojego telefonu, zwyczajnie miał mnie dość.

- Sprawnie i kompetentnie z treścią, jaką dostawał, obchodził się Grzesiek Rudynek, dzięki czemu współpraca między nami ułożyła się wzorcowo. Idealnie byłoby, gdyby przeczytał te podziękowania już w książce, ale to niemożliwe, bo ją redaguje.
- I wreszcie ci, którzy przeczytali nawet pojedynczy rozdział i oświetlili, nieważne – zapałką czy pochodnią – drogę, którą podążyłem w kolejnych rozdziałach: Paulina Koriat, Justyna Kwiecień, Łukasz Kadziewicz, Przemysław Rudzki, Krzysztof Stanowski, Rafał

Romaniuk, Marek Wawrzynowski, Mateusz Miga, Paweł Wołosik, Marcin Wykrotka i Marcin Piątek.

- Dziękuję Piotrkowi Wołosikowi, z którym od trzech lat prowadzę bloga www.ofensywni.przegladsportowy.pl, że na czas pisania przeze mnie książki odciążył mnie w codziennych zadaniach, a przy okazji zjechał Polskę wzdłuż i wszerz.
- Jestem niezmiernie wdzięczny paniom z Wojewódzkiej Biblioteki Publicznej z ulicy Rajskiej w Krakowie za otrzymaną pomoc podczas prób odtworzenia z lokalnych gazet początków pracy Adama Nawałki jako trenera w Krzeszowicach.
- Robertowi Ziętarze i Januszowi Pudełce, byłym zawodnikom Świtu Krzeszowice, nigdy nie zapomnę pomocy, jaką od nich dostałem w poznawaniu faktów na temat pracy Adama Nawałki w tym klubie.
- Byłym piłkarzom Wisły Piotrowi Skrobowskiemu i Adamowi Musiałowi oraz Wacławowi Szczerbie z Cracovii dziękuję za życzliwość i ukierunkowanie podczas zdobywania wiedzy na temat różnych etapów w życiu selekcjonera.
- Szczególne podziękowania kieruję w stronę Lucjana Franczaka, który zawsze znalazł czas, by odebrać telefon i jeszcze coś wytłumaczyć, kiedy pojawiały się wątpliwości.
- Władkowi Zielińskiemu, mojemu przewodnikowi z Rudawy, życzę, by energia, którą w sobie nosi, nigdy się nie ulotniła.